ÉCOLE DES SCIENCES POLITIQUES ET SOCIALES DE LOUVAIN.

DU

RÉGIME LÉGAL

DE

L'ENSEIGNEMENT PRIMAIRE

EN

ANGLETERRE

PAR

ALFRED NERINCX

avocat près la Cour d'appel de Bruxelles.

BELGIQUE
=
ENGELCKE, Éditeur
20, rue des Foulons
GAND.

FRANCE
=
LAROSE, Éditeur
22, rue Soufflot
PARIS.

1895

DU

RÉGIME LÉGAL

DE

L'ENSEIGNEMENT PRIMAIRE

EN

ANGLETERRE

École des Sciences Politiques et Sociales de Louvain

EN LIBRAIRIE

Georges Legrand. *L'Impôt sur le Capital et le Revenu en Prusse, réforme de 1891-1893*, in-12 de 104 pages. Bruxelles, 1894.

Romain Moyersoen. *Du Régime légal de l'Enseignement primaire en Hollande*, in-8° de 175 pages. Bruxelles, 1895.

SOUS PRESSE

Charles Genart. *Les Syndicats industriels.*

Auguste Mélot. *Des Impôts sur les valeurs mobilières en France.*

Des presses de J. Goemaere, imp. du Roi,
21, rue de la Limite, à Bruxelles.
Achevé d'imprimer le 1er mai 1895.

ÉCOLE DES SCIENCES POLITIQUES ET SOCIALES DE LOUVAIN.

DU
RÉGIME LÉGAL
DE
L'ENSEIGNEMENT PRIMAIRE
EN
ANGLETERRE

PAR

ALFRED NERINCX
avocat près la Cour d'appel de Bruxelles.

BELGIQUE	FRANCE
ENGELCKE, *Éditeur*	LAROSE, *Éditeur*
20, rue des Foulons	22, rue Soufflot
GAND.	PARIS.

1895

ERRATA

Page 69, alinéa 6, ligne 2,
    Au lieu de : Scafstesbury, *lisez :* Shaftesbury.

Page 195, alinéa 2, note (¹), lignes 2 et 4,
    Au lieu de : tableau I, *lisez* tableau II.

Page 218, alinéa 1, ligne 4,
    Au lieu de : schillings, *lisez* shillings.

Page 234, alinéa 3, ligne 6,
    Au lieu de : maximum, *lisez* minimum.

Page 269, ligne 16, et page 271, ligne 16,
    Au lieu de : Religions, *lisez :* Religious.

TABLE DES MATIÈRES

	PAGES.
PREMIÈRE PARTIE. — Historique.	5
Chapitre I. 1800-1839	6
Chapitre II. 1839-1847	18
Chapitre III. 1847-1869	24
Chapitre IV. 1870	32
DEUXIÈME PARTIE. — Principes de la Législation Scolaire	41
Chapitre I. Le Département d'Éducation	41
Chapitre II. Le *School Board*	46
§ 1. Le District Scolaire	46
§ 2. Élection du *Board*. Droit électoral	55
§ 3. Pouvoirs du *Board*	60
§ 4. Administration des Écoles officielles	65
§ 5. Pouvoir réglementaire spécial du *Board*	70
Chapitre III. Le *School Attendance Committee*	76
§ 1. Raison d'être du nouvel organisme	76
§ 2. Sa Constitution	80
§ 3. Autorité scolaire *in default*	85

PAGES.

CHAPITRE IV. L'Instruction Obligatoire . . 86
    § 1. Contrainte directe :
        a. Par les règlements de l'autorité scolaire 87
        b. Par la loi 88
    § 2. Contrainte indirecte :
        a. Par les lois ouvrières . . 91
        b. Par les lois sur l'assistance publique 94
CHAPITRE V. Les Écoles Libres 97
    § 1. Trois espèces. 97
    § 2. Fondations en faveur de l'enseignement primaire . . . 99
    § 3. Le Transfert 101
CHAPITRE VI. Les ressources financières des écoles 104
    § 1. La charité privée : Fondations et souscriptions 104
    § 2. La taxe locale. 104
    § 3. Les subsides du Gouvernement. 106
CHAPITRE VII. Les Subsides Parlementaires . 107
    § 1. Note historique 107
    § 2. Conditions de l'octroi des subsides.
    § 3. Diverses espèces de subsides. Leur incidence et leur import :
        a. Aux écoles gardiennes . . 109
        b. Aux écoles primaires . . 112
CHAPITRE VIII. L'Inspection 124
    § 1. Organisation Administrative . 124
    § 2. Visite de l'École par l'inspecteur du Gouvernement . . 126
    § 3. L'Inspection libre 129
CHAPITRE IX. La Gratuité scolaire et le *Fee Grant* 131

		Pages.
	Appendice. Subside extraordinaire	156
Chapitre X.	Les Écoles du soir	138
Chapitre XI.	Les Écoles Normales	147
	§ 1. Leur situation légale	147
	§ 2. Les subsides	148
Chapitre XII.	Les Instituteurs	156
	§ 1. Diverses catégories	156
	§ 2. Personnel scolaire. *School staff.*	166
	§ 3. Traitements et Pensions	168

TROISIÈME PARTIE. — Critique des lois scolaires Anglaises. — Statistique. 171

Chapitre I.	Le *School board*	171
Chapitre II.	La Taxe Scolaire	182
Chapitre III.	Les Subsides du Gouvernement	187
Chapitre IV.	Quelques chiffres	194
Chapitre V.	La Question religieuse	202
Chapitre VI.	L'Instruction obligatoire et la Gratuité	214
Chapitre VII.	Le Code et l'Inspection	225
Chapitre VIII.	Les Instituteurs	230
	§ 1. Les Instituteurs diplômés	230
	§ 2. Les *Pupil Teachers*	239
Chapitre IX.	Les Écoles Normales	241
Chapitre X.	L'Épargne Scolaire	249

QUATRIÈME PARTIE. — Les Propositions de Réforme. 255

Chapitre I.	Le *Bill* Anglican	256
Chapitre II.	Le *Bill* de M. Spottiswoode	261
Chapitre III.	Le *Bill* Catholique	263

CONCLUSION 267

Liste des *ouvrages consultés* 269

PREMIÈRE PARTIE

APERÇU HISTORIQUE
1800 à 1870

L'histoire de l'Instruction publique du degré primaire, telle qu'elle s'est déroulée en Angleterre pendant les trois quarts de siècle compris entre les années 1800 et 1870, pourrait fournir plusieurs volumes; mais traiter la question sur ce pied serait évidemment sortir du cadre d'une modeste étude, sans profit pour personne et au grand ennui du lecteur. Aussi, laissant de côté l'histoire des événements politiques, quelqu'intéressante qu'elle puisse être, contentons-nous de jeter un coup d'œil rapide sur les idées qui se sont disputé les faveurs de l'opinion publique pendant ces soixante-dix années. Tâchons d'y découvrir et d'y mettre en lumière la genèse des lois qui organisent aujourd'hui la liberté de l'enseignement en Angleterre en même temps que le régime de l'Instruction publique du degré primaire, ou plutôt, comme l'appellent si justement les Anglais, de l'Éducation élémentaire.

CHAPITRE PREMIER.
1800 à 1839

Il semble que jusqu'au commencement du xixe siècle les Anglais ont considéré l'instruction du peuple comme une chose parfaitement inutile et dangereuse; leur opinion à cet égard ne s'élevait pas plus haut que les principes politiques de la reine Anne, qui croyait que les meilleurs moyens de gouvernement étaient l'emploi de la force et le maintien perpétuel de l'ignorance de ses sujets [1].

Avec un cynisme qui nous révolterait aujourd'hui, les hommes d'État anglais pratiquaient la théorie émise au xviie siècle par Mandeville : « Pour que la société » soit heureuse et le peuple content dans la médio- » crité, il faut qu'un grand nombre de citoyens soient » ignorants comme ils sont pauvres [2]. »

Tout contribuait d'ailleurs à répandre ces idées : le clergé anglican, à qui incombait avant tout autre le devoir d'éclairer le peuple, semblait ne pas s'en douter, et ils n'étaient pas rares ces clergymen qui, à l'exemple des abbés de Walter Scott, se croyaient des

[1] Buckle, I, 500.
[2] Mandeville, I, 215.

pasteurs selon l'esprit de l'Évangile, lorsqu'ils s'étaient contentés de baptiser, marier et enterrer leurs paroissiens pauvres, en y ajoutant un sermon chaque semaine ([1]); le reste de leur temps était absorbé par d'attrayants loisirs, partagés entre la chasse, l'équitation, le jeu et les festins.

Il ne fallut rien moins que la généreuse initiative des Catholiques romains et des Protestants dissidents pour réveiller dans l'âme de ce clergé frivole le souvenir endormi des devoirs du prêtre. Tout d'abord, la crainte les saisit : en voyant surgir des rangs de leurs rivaux dédaignés des hommes déterminés à une vigoureuse action, en voyant s'élever à une prospérité rapide une masse d'écoles dominicales — *Sunday schools* — créées en dehors de leur sphère d'influence, les évêques et le clergé anglican dénoncèrent les innovateurs comme des révolutionnaires politiques, comme des Jacobins ennemis de la dynastie du Roi Guillaume IV.

Mais bientôt ils durent changer d'attitude. Ne pouvant arrêter le mouvement par leurs déclamations insidieuses, ils comprirent qu'il était plus sage de se mettre à sa tête, de le dominer pour l'empêcher de nuire, et ils exécutèrent si habilement cette manœuvre, que plusieurs historiens anglais ont versé dans l'erreur de croire que c'est au clergé anglican que revient l'honneur d'avoir fondé les premières écoles primaires libres ([2]).

L'opinion se divisa dès lors en deux courants dis-

([1]) Knight's *Biography*, I, 200.
([2]) Froude's *Short studies*, 264.

tincts, dont le second était fatalement destiné à l'emporter, du moins pour quelque temps, parce qu'il était plus conforme au génie de la race anglaise, toujours jalouse de sauvegarder les droits de l'initiative privée.

Quelques-uns auraient voulu réaliser les idées d'Adam Smith, reprises plus tard par Bentham, par Malthus et même par le conservateur Blackstone. Selon ces auteurs, l'État aurait dû engager, encourager et au besoin obliger le peuple à se procurer les rudiments de l'instruction. Mais, outre que cette théorie était encore trop peu conforme aux sentiments des Anglais — qui ne redoutaient rien tant que l'intervention active de l'État —, il eut fallu vaincre l'apathie du Gouvernement. Mieux valait évidemment prendre les devants et se passer de l'État aussi longtemps qu'on le pourrait; cette seconde opinion l'emporta d'emblée.

Deux hommes surgirent alors, dont les noms devaient rester longtemps célèbres dans les annales de l'éducation du peuple.

Joseph Lancaster et le Dr Andrew Bell furent les fondateurs de l'enseignement volontaire, c'est-à-dire de cette instruction absolument libre et indépendante de l'État et qui dans sa forme primitive n'en recevait aucun appui. L'État l'ignorait, comme il ignore une entreprise privée quelconque, tant qu'elle ne peut pas dégénérer en un danger pour l'ordre public — *a public nuisance*.

Sans nous arrêter aux querelles de personnes qui firent de ces deux collaborateurs deux rivaux, passons un rapide examen de leurs œuvres. Il est assez curieux de constater que durant leur vie même, ils n'arrivèrent qu'à des résultats insignifiants, mais qu'une fois les fondateurs disparus, les deux associations qu'ils avaient créées prirent un essor inouï.

Joseph Lancaster avait eu pour but de remplacer les quelques mauvaises écoles qui existaient à cette époque et dans lesquelles l'enseignement se donnait par des instituteurs tirés du rebut de la société, par une organisation répondant aux besoins de la population. Le rouage principal de son institution ne devait être autre que l'enseignement mutuel, *monitorial system*, devenu aujourd'hui le système des élèves-instituteurs, *pupil-teacher system* ; mais à cette époque ce procédé dégénéra rapidement en une sordide économie de personnel enseignant capable et devint le vice capital de l'idée de Lancaster.

Au point de vue religieux, Lancaster avait pressenti les dissensions sectaires qui ne devaient pas tarder à éclater, et il avait cherché à les prévenir en se proclamant dès l'abord *unsectarian,* c'est-à-dire, partisan d'un enseignement acceptable pour toutes les confessions les plus variées.

Ces idées toutes neuves, très libérales, ne tardèrent pas à lui gagner tout le parti *Whig* et même le Régent dont le patronage lui fut d'un précieux appui au point de vue financier.

Mais Lancaster était un de ces hommes que les détails vulgaires, la pratique journalière de la vie déroutent complètement. Mauvais financier, il dépensa sans compter, se ruina à plusieurs reprises, et malgré les sacrifices répétés de ses amis, il laissa au jour de sa mort son œuvre dans un embarras dont elle ne se releva que lentement. Elle avait porté pendant quelque temps le nom de *Lancastrian Society*, et prit plus tard, en 1814, celui de *British and Foreign Society*, qui fut son titre définitif.

Les idées libérales de Lancaster n'avaient pas tardé à lui aliéner les *Tories* et le clergé anglican. Aussi dès que le Dr Bell se fut séparé de son ami et eut fondé, sous le titre de *National Society* (¹), une institution rivale, mais entièrement au service de la Haute Eglise Anglicane et strictement confessionnelle, la faveur de la Cour se retourna vers lui et cet appui lui procura jusqu'à £ 10,000 (250,000 francs) en souscriptions et subsides annuels (²).

Grâce à son attitude orthodoxe, cette Société devint en quelque sorte l'œuvre pie par excellence des Anglicans. Cette faveur de la Haute Eglise explique comment il se fait qu'elle soit à l'heure actuelle encore si puissante et si riche, bien que le Gouver-

(¹) *National Society for promoting the Education of the Poor in the principles of the Established Church.*

(²) Le prospectus de la Société nationale disait : il est essentiel que la religion nationale devienne le fondement de l'éducation nationale, car il est évident que si les enfants des pauvres sont élevés dans d'autres idées que celles de l'église établie, celle-ci aura la majorité contre elle, dans une ou deux générations postérieures.

Les enfants devaient assister aux leçons de liturgie et de catéchisme et suivre tous les offices anglicans les dimanches; les écoles de cette association réalisaient le type de l'école paroissiale « *parochial school.* » — *Bell's Life*, by Southey, II, 408.

,nement ait adopté depuis vingt-cinq ans, pour les écoles officielles, un système emprunté aux principes de la *British and Foreign Society*.

Heureusement pour le peuple, son éducation ne devait pas rester exclusivement un brandon de discorde entre deux institutions privées rivales, ni entièrement abandonnée aux aléas de la charité publique. Dès 1807, nous voyons apparaître le premier projet de loi sur l'Instruction publique, présenté sous le titre de *Parochial Schools Bill*, par M. Whitbread, membre de l'opposition *Whig*, sous le ministère du Duc de Portland.

Sa pensée était d'autoriser les membres de certains rouages de l'administration locale, *overseers* des paroisses, à lever, du consentement des conseils de paroisses, *vestries*, dont ils faisaient partie, une taxe pour les besoins de l'éducation publique (¹).

(¹) *Overseers*. Dans chaque paroisse (*parish*) les juges de paix ont le droit de nommer un ou plusieurs fonctionnaires non rétribués à la charge de surveillants ou administrateurs de la taxe des pauvres.

Vestry. On désignait ainsi l'assemblée de tous les contribuables d'une commune, parce qu'originairement elle se tenait dans le vestiaire ou sacristie de l'église. *Vestry room*.

Le terme *parish* désignait primitivement la circonscription civile aussi bien que la circonscription laïque, parce qu'elles étaient exactement coïncidentes ; aujourd'hui le terme a été conservé, mais il désigne dans son acception civile une agglomération que nous appellerions commune, et qui peut être divisée pour les besoins du culte en diverses paroisses dont les limites ne coïncident plus nécessairement avec celles de la commune. — *The Citizen*, by O. BROWNING, pp. 24 et suiv.

C'est à propos de ce *bill* que l'on discuta pour la première fois au Parlement l'opportunité de l'Instruction populaire; elle y fut même vivement combattue par M. Windham, l'un des membres les plus distingués du parti conservateur, qui déclara ne voir aucun motif plausible pour que l'éducation fut répandue dans les basses classes (¹).

Le *bill* fut défendu par Whitbread et sir Samuel Romilly avec l'énergie du désespoir : il emporta la majorité aux Communes, mais fut rejeté par les Lords après un véhément discours du chancelier Lord Eldon dénonçant « les téméraires illusions de ses contemporains », et de non moins violentes protestations de l'archevêque de Canterbury, « mettant en garde la
» noble assemblée contre ces innovations coupables,
» qui ne pouvaient avoir d'autre but que d'ébranler
» les fondements de la religion de l'Angleterre (²). »

C'en était fait pour neuf ans de l'Instruction publique.

A la mort de M. Whitbread en 1815, la direction du parti *Whig* passa aux mains de M. (plus tard, Lord) Brougham.

Cet homme, dont le nom est à bon droit une des gloires de l'Angleterre, eut la singulière destinée de voir échouer au Parlement, où il était trop peu soutenu, et plus tard aux Lords, où il fut seul dans son camp, presque toutes les propositions de loi qu'il fit, tandis qu'il fut toujours acclamé par le peuple que

(¹) HANSARD, F. S., IX, 802.
(²) HANSARD, F. S., IX, 1176.

l'éloquence de sa parole et la générosité parfois irréfléchie de ses sentiments surent merveilleusement entraîner.

Dès 1816, il demanda et obtint la création d'une Commission extra-parlementaire — *Select Committee* — chargée de faire une enquête sur l'emploi des revenus des fondations charitables en faveur de l'instruction populaire. Il voulait mettre fin aux malversations scandaleuses que des administrateurs peu scrupuleux pratiquaient dans la gestion des fondations, et il estimait que la cessation des abus devait mettre à la disposition du Parlement des sommes telles qu'aucune taxe ne serait nécessaire pour fournir les crédits qu'il demandait pour l'enseignement public.

Après le rapport de la Commission, Brougham déposa un *bill* (¹) (20 mai 1818), qui fut voté aux Communes, mais encore une fois amendé par les Lords, parce qu'il était trop libéral ; Lord Eldon le combattit en déclarant « que c'était une mesure vexa-
» toire qui ne pouvait aboutir qu'à détourner de
» l'acceptation des fonctions charitables d'administra-

(¹) Ce *bill* limitait l'intervention du gouvernement à de simples subsides pour la construction des écoles — *Building Grants*. — Il proposait pour les écoles des grandes villes l'adoption du régime purement confessionnel, avec certaines modifications destinées à prévenir le renouvellement des abus dans l'administration des fondations ; dans les localités rurales et les petites villes, Lord Brougham préconisait l'adoption des écoles de paroisse — *parish school system* — telles qu'elles existaient en Ecosse.

» teurs de fondations — *trustees* — des hommes
» d'une honorabilité absolue (¹) ».

Du bill primitif il ne restait rien ; celui qui devint loi n'en était qu'un travestissement inoffensif et qui resta pour ainsi dire lettre morte.

Peu soutenu par les *Whigs* qui venaient de perdre leurs meilleurs chefs par la mort de Whitbread et Romilly, et qui ne désiraient rien de plus que le renversement des *Tories*, Brougham sentit que de vastes concessions seraient peut-être nécessaires pour se concilier le clergé anglican. Il déposa un second *bill* le 28 juin 1820 et en développa les principes que nous pouvons résumer comme suit :

Le coût des bâtiments d'école devait être payé par une taxe de comté et en cas d'insuffisance par une taxe générale, toutes autres dépenses incombant à la paroisse. La nomination du maître d'école devait appartenir à l'autorité communale (*vestry*) et tout candidat à ce poste devait être membre de l'Église établie, et porteur d'un certificat émané d'un ministre de cette confession. De plus, il fallait que sa nomination fut approuvée par le clergyman de la paroisse qui avait d'ailleurs le droit de le révoquer arbitrairement, ainsi que le droit d'inspecter et de diriger l'école.

Ce *bill* est un frappant exemple des déplorables concessions de principes que Brougham était souvent amené à faire dans le seul but d'obtenir une majorité quand même; elles lui réussirent d'ailleurs rarement. Naturellement, le *bill* ne satisfit personne et mécon-

---

(¹) *Life of Eldon*, par Twiss, II, 315.

tenta tout le monde, aussi bien les dissidents dont il foulait aux pieds la liberté de conscience, que les anglicans dont ces concessions maladroites avaient accru l'avidité; il échoua.

Pendant les quatorze années qui suivirent (1820-1834) l'apathie du Parlement n'empêcha pas l'initiative privée de donner à l'instruction populaire un superbe élan dont l'instigateur et le *leader* fut encore Lord Brougham : autant il eut d'insuccès au Parlement, autant il eut d'influence en dehors des Chambres.

C'est ainsi que nous voyons naître à Londres la Société centrale d'éducation, sous la présidence de M. Wyse, membre du Parlement, et à Manchester la Société de statistique, bientôt imitée à Bristol, Birmingham, Liverpool et ailleurs. Quelques revues mêmes prirent dans la lutte le parti du peuple, mais ce ne devait être qu'en 1840 que l'inauguration de la poste à un *penny* (10 centimes) allait contribuer si puissamment à l'éclosion et à la diffusion générale de la littérature populaire, destinée à devenir le plus redoutable adversaire de la presse conservatrice réactionnaire.

Le vote du *Reform Bill* de 1832, modifiant complètement les bases de la représentation nationale, fut suivi en 1834 du vote des premiers subsides pour l'enseignement primaire et, en 1839, de la création du comité d'éducation du conseil privé, tout comme la réforme électorale de 1869 eut pour effet entre autres le vote de la loi scolaire anglaise de 1870. Dans ces deux circonstances la cause de la réforme fut, d'une part, la puissance croissante de la démocratie et, d'autre part, la frayeur salutaire qu'éprouvèrent les hautes couches de la société, lorsque se voyant livrées aux mains des masses ignorantes, elles comprirent, suivant le mot de Robert Lowe, la nécessité d'instruire leurs maîtres.

Par l'accession de Lord Brougham au poste de Lord Haut Chancelier, la direction du parti de l'enseignement populaire passa aux mains de M. Roebuck et de M. Wyse, qui réussirent à faire voter un maigre subside annuel de £ 20,000 (fr. 500,000) en 1834. Un auteur anglais fait remarquer qu'en cette même année le subside de l'instruction publique s'élevait en Prusse à 15 millions de francs (¹).

Cette somme de fr. 500,000 devait être répartie par les soins du Ministère entre les deux grandes sociétés dont nous avons parlé au commencement de ce chapitre, pour être distribuée par elles aux écoles qu'elles avaient fondées, et affectée à l'érection de nouvelles écoles.

Mais comme elles ne recevaient de subside qu'à la condition de consacrer elles-mêmes à leurs écoles une somme égale à la moitié de celle que leur offrait le ministère, il se fit bientôt que la *National Society*, alimentée par les grandes fortunes *Tories*, absorba, grâce à l'énorme somme qu'elle rassemblait elle-même, une proportion des subsides telle que la *British and Foreign Society*, dont les finances n'avaient jamais été brillantes depuis le retrait de la faveur

(¹) Fr. Adams, *Elementary school contest*, p. 88.

royale, s'appauvrit encore et ne reçut presque plus rien ; sa part s'abaissa graduellement aux deux cinquièmes, à un tiers, et finalement au quart de ce que recevait sa rivale.

Sans parler de l'arbitraire qui pouvait présider à cette distribution de subsides confiée à des particuliers, l'idée avait encore un autre vice. Les deux sociétés appliquaient aux écoles le principe que l'État leur appliquait à elles-mêmes, et il se faisait ainsi que c'était aux écoles déjà riches qu'allaient les gros subsides, tandis que les écoles situées dans les localités les plus nécessiteuses ne recevaient que de minimes allocations, totalement insuffisantes. C'était cependant dans ces endroits pauvres, encore plus encombrés par la misère morale que par le nombre de la population indigente, que le besoin d'écoles se faisait le plus vivement sentir.

L'opinion publique s'en rendit bien compte ; aussi allons-nous dès maintenant la voir abandonner graduellement une attitude d'hostilité absolue à l'égard de l'intervention de l'État, en même temps qu'elle se fera à l'idée d'une taxation locale pour l'enseignement public, telle que la loi devait la consacrer trente-deux ans plus tard.

CHAPITRE II

1839 à 1847

L'intervention directe du Gouvernement dans l'encouragement et la réglementation de l'enseignement primaire ne date réellement que de 1839; car il ne fut jusque-là qu'un souscripteur des deux grandes sociétés volontaires que nous connaissons, sans avoir aucun rapport avec les instituteurs, ni aucune autorité dans la direction de l'école. Ce changement d'attitude fut provoqué en partie par la publication de statistiques dénotant une ignorance effrayante dans le peuple, et en partie par la lutte qui éclata à ce moment entre trois systèmes d'enseignement primaire.

Autant pour essayer de porter remède au mal que pour couper court aux discussions, l'État entra dans la lice.

Le premier système était le *denominational system*, ou théorie de l'école confessionnelle pratiquée par la *National Society*, sous les ordres de l'église anglicane et au mépris le plus absolu de la liberté de conscience. Le second était le *comprehensive sys-*

tem, encore confessionnel mais respectant la liberté de conscience ; c'est-à-dire que l'école appartenait à une croyance religieuse déterminée et qu'une doctrine dogmatique s'y enseignait, mais avec liberté absolue pour les parents de dispenser leurs enfants de l'assistance aux leçons de religion. Le troisième était le *combined system*, plus tard appliqué à l'Irlande, se contentant de procurer à tous les enfants une même instruction séculière, et permettant aux ministres des divers cultes de venir ensuite instruire les enfants de chaque secte dans leur religion séparée.

Il va sans dire que les deux dernières théories recrutaient leurs adeptes dans les rangs des dissidents.

Seuls à l'origine des partisans convaincus de l'école libre et volontaire s'opposèrent à l'intervention de l'État, et si plus tard les dissidents passèrent à l'opposition, ce n'est qu'en raison de la partialité du Gouvernement pour les écoles de l'église nationale.

Il est d'ailleurs regrettable que ce fut toujours l'Église établie qui, par sa politique étroite, fut dans toute cette lutte et jusqu'en 1870, la pierre d'achoppement de tout progrès.

Dans le but de mettre fin à la lutte, lord John Russell, premier ministre en 1839, proposa la création au sein du conseil privé de la Reine, d'un comité de cinq membres qui prendrait le titre de *Committee of the Privy Council on Education*. Cette institution ne devait être dans l'esprit du premier ministre qu'une transaction temporaire, un compromis provisoire entre adversaires, en attendant qu'une loi vint, à bref délai, inaugurer quelque situation définitive. Cela n'empêche pas que le comité existe encore aujourd'hui, tel qu'il a été fondé il y a bientôt soixante ans, sans autre modification que l'adjonction d'un vice-président, qui remplit les fonctions de ministre de l'instruction publique. Nous examinerons plus loin sa constitution.

Le premier acte de ce comité fut de proposer aux Chambres le vote d'un subside de £ 30,000 (750,000 fr.); il fut voté, mais après une discussion des plus violentes, au cours de laquelle les Anglicans parvinrent à faire rejeter la proposition de voter encore 250,000 francs pour l'installation d'une école normale, selon la théorie du système « combiné ».

La question du subside une fois résolue, le Gouvernement s'occupa d'organiser l'inspection qui devait présider à la répartition des secours. C'est la première fois qu'il en est question et l'Église établie chercha à s'en emparer dès l'origine : par son compromis de 1839-1840, elle réussit à se faire confier l'inspection de presque toutes les écoles, dissidentes aussi bien qu'anglicanes. Le résultat de ces manœuvres ne surprendra personne; de la somme globale de £ 500,000 (12,500,000 fr.) de subsides qui furent votés entre les années 1839 et 1850, près de £ 405,000 (10,125,000 fr.) furent attribués aux écoles anglicanes ([1]). Les écoles des confessions dissidentes furent condamnées à la ruine et les enfants de ces confessions religieuses obligés, pour recevoir une instruction quelconque, de fréquenter des écoles où on leur

---

([1]) *Census Returns*, 1851, XVIII.

enseignait des croyances opposées à celles de leurs parents.

Il est intéressant à noter qu'en 1841, M. Slaney, membre de l'opposition *whig,* déposa un projet de loi dont les termes se retrouvent aujourd'hui dans les desiderata d'une minorité de dissidents et de catholiques déjà considérable et toujours croissante. Il proposa d'autoriser chaque commune à lever une taxe pour l'instruction populaire, en accordant aux juges de paix le droit d'en dispenser les dissidents religieux qui en feraient la demande. Quelque remarquable que fut ce projet, il semble avoir passé inaperçu; le Parlement le considérant comme sans importance, refusa de le prendre en considération et le rejeta dès la première lecture ([1]).

En 1843, le Parlement anglais fit la première tentative d'instruction obligatoire, en votant le *Factory bill* de sir James Graham, un apostat du parti libéral. Maladroit comme toutes les mesures de ce ministre impopulaire, le projet souleva une tempête de protestations. Aux termes d'une disposition votée en première et en seconde lectures, tous les enfants de moins de quatorze ans, employés dans l'industrie, étaient obligés de recevoir au moins deux heures d'enseignement par jour; mais encore une fois, ils devaient la recevoir dans des écoles où la plus grande part d'autorité appartenait à l'Église établie. Le *bill* souleva une opposition formidable. Vingt-cinq mille pétitions couvertes de plus de quatre millions de signa-

[1] HANSARD, T. S., LVIII, 799.

tures de protestation arrivèrent à la Chambre ; le Gouvernement comprit la nécessité de faire de larges concessions à la liberté de conscience. Mais il était trop tard; le projet fut rejeté en troisième lecture, par cent cinquante-six voix contre soixante.

Ces difficultés furent le signal d'une recrudence remarquable dans le système des écoles volontaires. Malheureusement les plus vigoureux efforts des dissidents devaient fatalement échouer devant la concurrence combinée de l'État et de l'Église, et le clergé anglican acquit sur l'enseignement public une puissance encore plus exclusive qu'auparavant.

Ceci nous mène au *bill* de lord John Russell, en 1847. C'était une loi assez complète, mais beaucoup moins parfaite cependant que ne l'annonçait le remarquable discours dans lequel le premier ministre fit l'exposé des motifs. Les clauses les plus intolérantes en furent amendées pendant la discussion, mais la portée réelle de la loi, qui fut cependant votée à une majorité considérable, se résuma encore une fois en une extension de l'influence accordée aux anglicans.

Le Gouvernement venait de s'aliéner une fois de plus la masse des dissidents. Il ne devait pas tarder à se mettre en désaccord avec la Haute Église elle-même. Beaucoup de fondations avaient été faites pour des écoles primaires, sans qu'il fut inséré dans l'acte aucune stipulation concernant l'autorité qui aurait la direction de l'école, et le clergé anglican en avait profité pour s'insinuer dans leur administration. Bien plus, il était parvenu à faire méconnaître, dans de nombreux cas, les dispositions expresses des actes de fondation.

Avant d'accorder des subsides à ces écoles, le Gouvernement voulut mettre un terme aux abus. « L'en-
» quête », dit un publiciste français, « révéla les
» faits les plus déplorables, les abus les plus scanda-
» leux : les quinze millions que possédaient trois
» cents écoles dotées par leurs fondateurs étaient
» détournés déloyalement de leur destination ; on n'y
» admettait qu'un petit nombre d'élèves privilégiés.
» Au gré des administrateurs, plusieurs d'entre elles
» même ne recevaient point d'élèves, et les maîtres,
» exclusivement choisis parmi les membres de l'Église
» anglicane, vivaient à leur guise sur les revenus de
» la fondation (¹) «.

L'Église établie lutta pendant cinq ans contre le Gouvernement, mais celui-ci finit par l'emporter et les abus furent réprimés. Les anglicans se vengèrent de leur défaite par l'échec politique de M. Gladstone à Oxford en 1853.

(¹) Hippeau. L'*Instruction publique en Angleterre*, Paris 1872, p. 20.

CHAPITRE III
1847 à 1869

La période de vingt-deux ans que nous allons examiner brièvement mériterait d'être appelée l'ère des *bills* malheureux, car la presque totalité des projets qui furent déposés sur la table de l'une des deux Chambres échouèrent tristement à cause des passions égoïstes qui dominaient la politique des partis. En réalité, ceux-ci s'inquiétaient beaucoup moins de favoriser les progrès de l'enseignement public, que de s'assurer la haute main dans sa direction.

Heureusement, il n'en était pas de même au dehors de l'enceinte parlementaire; dans la nation, à ce moment même, de sincères efforts se multipliaient pour la réalisation d'un plan absolument débarrassé de toute question de parti.

Le Dr Hook, vicaire de Leeds, membre du haut clergé Anglican et dont la noble figure forme un frappant contraste avec ses collègues intolérants, écrivit à cette époque à M. Gladstone une lettre dont on nous permettra de citer le passage suivant:

« C'est une opinion scandaleuse, que celle qui pré-

» tend attribuer aux évêques et au clergé seuls la dis-
» pense des fonds que l'État affecte au service de
» l'instruction publique. Ce serait une monstruosité
» dans un État libre et tolérant, dont les taxes sont
» payées par les dissidents aussi bien que par les
» fidèles de l'Église établie ; si l'État donne des sub-
» sides, il est de son devoir de prendre en considéra-
» tion les justes prétentions des dissidents (1). »

« Je demande, disait-il dans une autre lettre, qu'au
» nom d'un grand intérêt national, chaque parti fasse
» le sacrifice, non pas de ses principes, mais seule-
» ment de ses préjugés (2). »

Ces généreuses idées, reprises par M. Cobden, l'illustre économiste, et quelque peu modifiées par lui, donnèrent naissance à la *Lancashire Public School Association*, transformée peu après en *National Public School Association*, et dont le programme fut ainsi tracé :

« L'objet de cette association est de promouvoir
» l'établissement par la loi en Angleterre et au pays
» de Galles d'un système d'écoles gratuites qui, sou-
» tenues par des taxes locales et dirigées par des
» comités locaux spécialement élus dans ce but par
» les contribuables, donneront l'instruction laïque
» seulement, et laisseront aux parents, aux adminis-
» trateurs des pauvres (*guardians*) et aux institu-
» teurs religieux le soin d'enseigner la religion ; à ce
» point de vue, l'association propose que les écoles

---

(1) *Life of Dean Hook*, 347.
(2) *Ibid.* 405.

» seront fermées pendant certaines heures de chaque
» semaine, et affectées à ce moment à l'instruction
» religieuse (¹) ».

Ce programme fut la véritable source de la loi de 1870.

En 1850, M. W. J. Fox reprit ce plan, en le transformant sous deux rapports. Il voulait laisser aux choix des contribuables le soin de décider si oui ou non l'enseignement religieux figurerait au programme de l'école, et d'autre part, il proposait que l'État intervînt personnellement pour une large part dans les subsides accordés, de façon à suppléer à l'insuffisance des taxes locales et à permettre d'ouvrir gratuitement toutes les écoles.

Dans ce système, nous trouvons encore un des éléments du régime actuel, la gratuité qui fut introduite par la loi de 1891.

Ce projet souleva grande hostilité. Les uns le combattaient, craignant de ne pouvoir en bénéficier, parce qu'ils n'étaient pas à même de satisfaire les inspecteurs du Gouvernement ; les autres le rejetaient parce qu'ils redoutaient une aggravation dans les charges de l'impôt. Malgré cette opposition, le public des grandes villes industrielles, toujours fort libéral en Angleterre, l'accepta avec faveur et de toutes parts se formèrent des associations locales à l'instar de celle qu'avait fondée M. Cobden à Manchester. Leurs présidents, choisis parmi les membres libéraux du Parlement, y déposèrent plusieurs *bills*.

(¹) *Westminster Review*, LIV, 411.

Malheureusement, la représentation nationale de l'Angleterre n'avait pas encore subi ses dernières réformes et elle était loin de reproduire exactement la volonté populaire. Les factions firent échouer aux Communes toutes les propositions qui s'inspiraient du programme de la Société du Lancashire.

Le Gouvernement ne se contenta même pas de cette résistance au sein du Parlement. Sir James Kay Shuttleworth, président du Comité du conseil privé, fonda à Manchester même, en face de l'association du Lancashire, le *Manchester and Salford committee*, sur des principes diamétralement opposés à ceux de M. W. J. Fox.

Le seul résultat de cet antagonisme fut une fois de plus la perte de tout espoir d'une solution prochaine et d'un compromis acceptable pour tous.

Il serait fastidieux, et d'ailleurs inutile, d'entraîner le lecteur dans l'examen de la série des *bills* qui furent échangés dans la lutte; il y en eut près d'une douzaine proposés entre les années 1852 et 1859, sans aucun résultat. Seulement, il est intéressant de constater que les projets de l'association du Lancashire et de celles qui lui étaient affiliées témoignaient tous d'un sincère esprit de conciliation; par contre, ceux du Gouvernement guidé par les hauts dignitaires de l'Église établie et par les *Tories*, ne furent que d'étroites mesures suggérées par l'esprit de parti.

Tandis que le Parlement s'absorbait dans ces hostilités, il laissa passer pour ainsi dire inaperçue une réforme importante que le Comité d'Éducation exécuta de sa propre autorité en 1853. Il adopta comme principe de la répartition des subsides la capitation, *capitation grant,* c'est-à-dire, le nombre d'élèves fréquentant une école. L'expérience s'en fit d'abord sur les écoles des localités rurales de moins de 5,000 habitants.

Sir James Kay Shuttleworth explique dans son livre sur l'Instruction publique ([1]), que son but était d'obtenir ainsi une fréquentation plus régulière des écoles; mais il n'aboutit en réalité qu'à une scandaleuse falsification des registres de présences tenus par les instituteurs qui recevaient le *capitation grant.* Le subside s'éleva d'un coup de £160,000 (4,000,000 fr.) à £260,000 (6,500,000 fr.) et lorsque en 1856 une minute du Comité d'Education l'étendit aux écoles des grandes villes, il fut porté à £460,000 (11,500,000 fr.)

Les abus qu'amenait ce mode de répartition provoquèrent les plaintes amères de l'une des autorités les plus respectables de l'Église établie, l'Archidiacre Denison : « On n'entend plus parler que d'argent, » disait-il, et le chiffre du subside extorqué au Gouvernement devient le *criterium* de l'excellence » d'une école ([2]). »

Les écoles purement laïques étaient exclues de la participation aux subsides.

Alors qu'en 1859 l'insuccès répété des projets de loi sur l'enseignement primaire semblait avoir découragé définitivement leurs auteurs, la nomination de M. Lowe au poste de vice-président du Comité d'Édu-

---

([1]) *Public Education,* p. 356.
([2]) Archdeacon Denison, *Notes of my Life,* 109.

cation et celle de M. Fraser, le futur évêque anglican de Manchester, aux fonctions d'inspecteur général, signalèrent l'avènement d'une ère nouvelle pour l'instruction publique. Non pas que l'acrimonie des partis dût s'éteindre ou même diminuer, au contraire ; mais il devint évident dès les premiers jours de leur entrée en fonctions que sous la direction de ces deux hommes doués d'une volonté droite, ferme et sans crainte, la politique du Gouvernement à l'égard de l'enseignement populaire allait subir une véritable révolution.

M. Lowe surtout se distingua par son intrépidité, et il est probable que, si le Gouvernement dont il faisait partie n'eut pas été celui de Lord Palmerston, il eut entrepris et réalisé des réformes beaucoup plus larges que ne lui permirent les chefs de son parti.

Son premier acte fut d'exiger que toutes les écoles qui demanderaient un subside inscrivissent à leur programme la clause de tolérance religieuse : « *conscience clause* ». L'année suivante, en 1860, une sévère application de cette règle, jointe à une enquête minutieuse sur les nécessités réelles des écoles qui sollicitaient un secours, lui permit de réduire, pour la première fois depuis 1834, le Budget de l'Instruction publique, sans qu'on put l'accuser d'économie injustifiée.

Lorsqu'en 1861 parut le rapport de la fameuse Commission du duc de Newcastle, nommée en 1858 pour faire une enquête sur le système scolaire, M. Lowe, en un discours magistral, fit ressortir, d'une part, les contradictions nombreuses qu'il présentait, et d'autre part, l'évidence des inexactitudes, pour ne pas dire de la mauvaise foi, que révélaient les statistiques élaborées par la Commission. Immédiatement il proposa de répartir les subsides, non plus d'après les anciennes bases, mais d'après les résultats qu'obtiendraient les écoles soumises annuellement à un examen individuel des élèves par l'inspecteur du Gouvernement; son projet fut développé dans le Code de 1862, déposé aux Chambres et voté sous le nom de « *Revised Code of Education* ».

Ce mode d'inspection, qui subsista jusqu'en 1890, n'était certes pas l'idéal, mais il avait pour excuse la nécessité d'un remède énergique.

Malgré la résistance désespérée de tous ceux que frappait ce ministre assez audacieux pour s'insurger contre la routine, son Code avait été voté; mais ses adversaires se préparaient une revanche.

Grâce à l'indiscrétion de quelques fonctionnaires inférieurs du Département d'Éducation, ils purent prendre connaissances de certains documents dont ils se servirent pour attaquer le Ministre du Parlement. M. Lowe fut mal secondé dans la discussion par ses collègues du Banc de la Trésorerie et l'opposition parvint à lui faire voter un blâme à huit voix de majorité seulement.

Le ministre eut le tort de considérer ce vote comme impliquant un manque de confiance et il démissionna.

Justice lui fut rendue peu après et le vote de blâme que lui avaient attiré ses ennemis fut rescindé. Mais ils s'étaient cruellement vengés, car ils avaient

eu la satisfaction « d'enlever au Département d'Édu-
» cation le meilleur des ministres qui furent jamais
» à sa tête et un homme qui, s'il ne fut point l'au-
» teur d'une grande mesure pour l'établissement de
» l'éducation sur une base large et libérale, consacra
» au moins ses efforts à obtenir qu'il soit fait du
» régime existant une expérience qui devait être
» pleine d'enseignements et de lumières pour l'ave-
» nir ([1]). »

Dès l'année suivante, son successeur, M. Bruce, put encore réduire le budget de l'Instruction primaire à la somme de £ 693,078 (fr. 17,326,950), et en 1868 à £ 511,324 (fr. 12,783,100), sans que les progrès de l'enseignement s'en ressentissent.

Il nous reste pour terminer cette période à mentionner au commencement de l'année 1869 l'échec du *bill* du Marquis de Townshend tendant à faire voter l'instruction obligatoire et laïque; ce fut le dernier des nombreux projets avortés qui avaient encombré les tables du Parlement depuis un demi-siècle.

([1]) Fr. Adams, *op. cit.* p. 189.

CHAPITRE IV

1870

Quelle que fut à ce moment l'intensité avec laquelle se faisait sentir le besoin d'une grande mesure gouvernementale venant au secours de l'Instruction publique, dont tout progrès était arrêté par de misérables disputes de sectes, la question ne semble point avoir occupé une place prépondérante dans la campagne électorale de 1868, qui aboutit à l'élection d'un Parlement votant, deux ans plus tard, l'Acte d'Éducation.

C'est qu'en effet un problème non moins important et dont la solution était imminente préoccupait en ce moment les esprits.

Le Parlement de 1868 fut élu pour mettre fin aux scandaleux abus de l'Église Établie d'Irlande, et tous les dissidents, à quelque communion qu'ils appartinssent, « s'unirent avec enthousiasme contre cette
» première aile de la maison des Tudor, qui faiblis-
» sait déjà, dans l'espoir de lui arracher la seconde
» dans un avenir prochain, et d'abattre ensuite le
» corps tout entier. C'est pourquoi ce Parlement se

» trouvait prêt à voter la sécularisation de l'enseigne-
» ment (¹). »

Une fois l'Église d'Irlande renversée, chacun des dissidents reprit ses positions antérieures, mais le Parlement qui avait accompli cette mission, la seule que beaucoup d'entre eux avaient eu l'intention de lui confier, resta élu et poursuivit son œuvre.

« Et c'est ainsi que l'on peut dire qu'une minorité
» turbulente procura, dans un moment d'agitation
» politique, le vote de l'*Act* de 1870 (²). »

Malgré que le vote de cette loi ne répondît pas aux vœux de la véritable majorité de la nation anglaise, il n'en est pas moins incontestable que le vote d'une loi sur l'enseignement public était urgent.

« L'accroissement de la population », dit encore le Cardinal Manning, « avait rendu inefficaces tous
» les moyens existants de lui procurer l'instruction ;
» les enfants laissés sans éducation se comptaient
» par centaines de mille, peut-être par millions.
» Le niveau de l'enseignement était au plus bas, et
» l'Allemagne et la France laissaient loin derrière elles
» l'Angleterre, quant aux moyens employés pour
» répandre la culture intellectuelle, du moins parmi
» les classes inférieures de la population (³). »

Une fois de plus l'initiative privée devança l'action parlementaire et déjà l'*Education League*, appelée

---

(¹) Le cardinal Manning désignait par ces paroles les églises établies d'Irlande, d'Écosse et d'Angleterre, les trois forteresses du parti conservateur.

(²) MANNING, *Is the Act of 1870 a just law?* p. 19.

(³) *Op. cit.*, p. 1.

à l'existence par les efforts de MM. Dixon, Bright, Collings, Chamberlain et autres membres éminents du parti et de la presse libérale, avait établi ses foyers à Manchester et à Birmingham, s'était organisée en Comités et avait rédigé un projet de loi que ses chefs devaient déposer au Parlement.

Les *Tories* de leur côté avaient opposé à cette ligue l'Union d'Éducation, à laquelle ils avaient donné les mêmes quartiers généraux, et cet antagonisme menaçait de nouveau le sort de l'instruction publique, quand le 17 février 1870, M. Arnold Forster, vice-président du Comité d'Éducation, déposa sur la table de la Chambre des communes le *Bill d'Education* du Ministère Gladstone, « en réclamant pour ce projet » l'attention de la Chambre dépouillée de toutes consi- » dérations de parti ».

Considéré comme le membre le plus radical du Cabinet, se faisant lui-même un titre de son ultralibéralisme et de ses accointances avec la fraction la plus avancée du parti populaire, mêlé enfin depuis de longues années aux questions de l'enseignement public, M. Forster était mieux que personne, l'homme de la situation. Ses idées libérales, unies à un sincère désir de procurer avant tout le succès de la cause qu'il défendait loyalement, étaient bien faites pour lui conquérir l'estime et le vote de plus d'un de ses adversaires politiques, mais la sage modération qu'il sut apporter dans ses exigences, lui aliéna les plus fougueux de ses partisans.

Au moment de fonder l'*Education League* de Manchester et Birmingham, M. Dixon avait convoqué

chez lui quelques-uns de ses collègues du Parlement, et ils avaient dressé sous forme de circulaire un projet de loi élémentaire ayant pour but « de procurer l'ins-
» truction à chaque enfant en Angleterre » par les moyens suivants :

» 1. La loi obligera les autorités locales à fournir des
» installations scolaires suffisantes pour tous les enfants de
» leur district.
» 2. Tous les frais en seront couverts par une taxe locale et
» par un supplément de subsides du Gouvernement.
» 3. Toutes les écoles soutenues par une taxe locale seront
» soumises à la direction des autorités locales et à l'inspection
» du Gouvernement.
» 4. Toutes ces écoles seront neutres (*Unsectarian*).
» 5. Elles seront absolument gratuites.
» 6. Ces cinq prescriptions une fois remplies, l'État ou les
» autorités locales pourront décréter l'obligation de fréquenter
» ces écoles pour tout enfant en âge d'école qui ne recevra pas
» autrement l'instruction primaire. »

Ce programme ne fut pas reproduit entièrement, tant s'en faut, dans le *Bill* de M. Forster ; mais nous le citons ici parce que nous en retrouverons les principaux articles dans les lois qui furent successivement votées de 1870 à 1891.

M. Dixon avait annoncé son intention de déposer personnellement ce projet au Parlement ; il n'en eut pas le temps, car avant qu'il en eut terminé l'étude, M. Forster déposa celui du Cabinet Gladstone, qui peut se résumer comme suit :

1. Le pays sera divisé en un certain nombre de districts scolaires.
2. Le gouvernement se chargera de constater l'insuffisance des installations scolaires de ces districts, là où il y aura lieu.

3. L'inspection confessionnelle sera abolie.

4. Il sera formulé une clause de conscience, dont les parents devront réclamer le bénéfice par écrit.

5. Un délai d'un an sera accordé aux communions religieuses pour remédier à l'insuffisance de leurs écoles au moyen des subsides du Gouvernement.

6. Si elles ne peuvent y parvenir, un bureau scolaire — *School Board* — sera élu, avec pouvoir de taxation locale, pour établir les écoles dont le Gouvernement aura constaté le défaut.

7. Ce *School Board* sera élu dans les Bourgs (1) par le conseil municipal, dans les paroisses par le *vestry* (conseil de paroisse).

8. Le *School Board* pourra faire remise aux indigents de tout ou partie de la rétribution scolaire, et même décréter la gratuité absolue de ses écoles, avec l'approbation du Département d'Éducation.

9. Le *School Board* pourra, au moyen de la taxe locale, subsidier les écoles libres existantes.

10. Le *School Board* règlera en toute liberté ce qui concerne l'instruction religieuse, sauf à observer la clause de conscience.

11. Le *School Board* aura le droit de porter des règlements — *bye-laws* — pour l'instruction obligatoire de tous les enfants de cinq à douze ans. Ces règlements acquerront force de loi par l'approbation du Département d'Éducation.

« Ces propositions résumant les vœux des non con-

---

(1) On appelle Bourg — *incorporated borough* — les villes qui ont reçu du souverain une charte qui leur accorde le droit de se faire représenter au Parlement par des députés spéciaux ; tandis que les autres villes et communes (*towns and parishes*) uniformément désignées par le terme de *parish*, ne peuvent voter que pour les représentants du comté. Ce régime a été quelque peu modifié par la loi de 1888 sur les conseils de comté ; depuis lors, toute ville de plus de 50,000 habitants est traitée comme un bourg *incorporated*.

» formistes ou dissidents étaient on ne peut plus rai-
» sonnables », dit le cardinal Manning, « là où ils
» n'avaient pas d'écoles leur appartenant en propre,
» mais la politique s'en servit comme d'un coin pour
» fendre l'éducation en deux : *as a wedge to split*
» *Education in two* ».

Les libéraux ne se tinrent pas pour satisfaits. Ils exigeaient la création universelle des *School Boards*, la suppression de toute clause de conscience, la séparation complète de l'enseignement laïc de l'instruction religieuse, l'enseignement obligatoire partout, la gratuité absolue et universelle. Somme toute, leur vœu était le vote d'une loi non seulement libérale, mais radicale.

Les conservateurs, d'autre part, s'insurgèrent contre le dixième paragraphe du Bill qui, d'après eux, ne visait à rien moins qu'à autoriser et même à favoriser la destruction de tout esprit religieux et la ruine de l'Église anglicane.

C'est entre ces deux extrêmes que se débattit M. Forster, et c'est d'une lutte qui se prolongea pendant cinq mois à coups d'amendements et de pétitions que sortit, le 9 août 1870, l'*Elementary Education Act*, dont nous nous proposons d'étudier les principes et les modifications successives.

Il n'entrerait pas dans le cadre de ce travail de résumer ici ces longs débats parlementaires, ni ceux qui précédèrent le vote des lois que nous devrons mentionner dans la suite jusqu'en 1893.

Au surplus, celles-ci ne furent que l'application

jusque dans leurs dernières conséquences, ou le développement sous forme de lois d'amendement (comme en 1876, notamment) des principes renfermés dans l'Acte de 1870.

Il est donc inutile, croyons-nous, d'insister davantage sur la marche de l'opinion publique anglaise à l'égard de l'enseignement primaire : la teneur des lois qui furent successivement votées jusqu'à ce jour nous renseignera d'elle-même sur ce sujet.

Voici l'ensemble des dispositions qui constituent la législation scolaire actuellement en vigueur en Angleterre ([1]) :

The Elementary Education Act 1870. [33 et 34, Vict., c. 75] ([2]).
The Elementary Education Act (1870) *Amendment Act* 1873. [36 et 37, Vict., c. 86].
The Elementary Education Act 1876. [39 et 40, Vict., c. 90].
Elementary Education (Industrial schools) Act 1879 [42 et 43, Vict., c. 48].
The Elementary Education Act 1880. [43 et 44, Vict., c. 23].
The Education Code (1890) *Act* 1890. [53 et 54, Vict., c. 22].
The Elementary Education Act 1891. [54 et 55, Vict., c. 56].
Elementary Education (School attendance) Act 1893. [56 et 57, Vict., c. 51].

Il faut ajouter à cette nomenclature une foule d'articles puisés dans divers Actes du Parlement depuis 1841 ainsi que les lois d'intérêt local, les règlements particuliers des *School Boards*, les mi-

([1]) Nous ne citons que les lois d'intérêt général.
([2]) Les chiffres entre crochets désignent, les premiers, la session parlementaire en comptant depuis l'avènement de la Reine Victoria ; les seconds, le rang de l'acte dans les documents législatifs de la session.

nutes du Département d'Éducation et spécialement le Code annuel de ce ministère, qui obtiennent force de loi dans les conditions que nous verrons plus loin.

DEUXIÈME PARTIE

Principes de la Législation Scolaire.

Il importe de remarquer en commençant cette étude que les lois qui en feront l'objet ne concernent que l'Angleterre avec le pays de Galles, à l'exclusion de l'Écosse et de l'Irlande, qui possèdent chacune leur régime particulier.

CHAPITRE PREMIER

Le Département d'Éducation.

Lorsqu'en 1833-1834 le Parlement eut voté le premier subside de fr. 500,000, quelques ministres réunis en comité se chargèrent de le répartir entre les deux grandes Sociétés d'Éducation, fondées par Lancaster et Bell.

Ce n'est qu'en 1839 que nous voyons apparaître l'Institution du Comité du Conseil privé pour l'Éducation, — *Education committee of the Privy Council* — créé par une ordonnance de la Reine en Conseil, et chargé de « l'administration et de la surveillance
» générale de l'Éducation, ainsi que de la distri-
» bution, sous certaines conditions, des subsides
» que le Parlement votera chaque année pour cet
» objet. »

Ce Comité se composait à l'origine de quelques ministres seulement, et se trouvait sous la dépendance réelle du Conseil privé dont il émanait. Mais, en 1853, il fut organisé en Département d'Éducation par la nomination d'un groupe de fonctionnaires permanents, chargés d'assister dans la direction des travaux du Comité le lord-président du Conseil privé ; ce dernier a toujours présidé le Comité d'Éducation en même temps que le Conseil privé.

Dès 1856 ([1]), un vote du Parlement lui adjoignit un vice-président, également membre du Conseil privé, mais qui, jusqu'en 1870, ne fit pas ordinairement partie du Cabinet. Le vice-président est toujours choisi parmi les membres de la Chambre des Communes, tandis que le président est généralement le *leader* de la majorité dans la Chambre des Lords. La présidence est aujourd'hui confiée à Lord Rosebery, qui est en même temps chef du Cabinet,

---

([1]) *Act* 19 et 20, Vict., c. 116.

président du Conseil Privé et Gardien du sceau privé, *Lord Privy Seal*.

Le Comité d'Éducation se compose aujourd'hui du président, du vice-président et des quelques ministres membres du Cabinet désignés spécialement à chaque changement de ministère (¹).

C'est dire que la composition du Comité d'Éducation est toute politique et variable au gré de la majorité Parlementaire.

Le Département d'Éducation au contraire est entièrement composé de fonctionnaires permanents, en assez grand nombre, et nommés par la Reine en Conseil Privé, *by an order of Her Majesty in Council*, comme tous les autres membres du *civil service*, sur présentation du président du Comité. Les mêmes formalités s'observent pour leur révocation s'il y a lieu, car ils ne conservent leurs fonctions que selon le plaisir de Sa Majesté, *during pleasure*.

En fait le Comité, encore convoqué, ne se réunit pour ainsi dire plus. En 1889, un ancien vice-président du *Committee* déclarait aux Communes n'en avoir jamais vu une seule réunion (²).

Le *quorum* du Comité est de trois membres, mais si en fait on ne pouvait réunir ce nombre de conseillers, la décision prise et signée par le président et le vice-président ne serait pas moins valable.

(¹) Ce sont actuellement les secrétaires d'État pour l'Intérieur, les Colonies et la Guerre, ainsi que le chancelier de l'Echiquier et le premier lord de l'Amirauté. Voir Todd, II, 689-708. Traill, 140-148. Léon Dupriez, *Les Ministres*, I, 193-196.

(²) L. Dupriez, *op. cit.*, I, 194.

Les délibérations du Comité sont connues sous le nom de *Minutes;* elles acquièrent force de loi après avoir séjourné pendant un mois sans opposition sur la table des Chambres.

Le président ne soumet au Comité que les questions les plus importantes; il n'est obligé de lui soumettre que les délibérations en forme de *Minute,* mais même en ce cas, juridiquement, le président et le vice-président ne seraient pas liés par un vote de la majorité du Comité, contraire à leurs propositions [1]. Ce cas ne s'est jamais produit.

Le Département d'Éducation a pour mission de préparer tous les projets de *Minutes* qui devront être présentés au Comité; pour ce qui est des questions administratives, elles sont tranchées, toujours au nom de *My Lords* (c'est-à-dire du Comité), mais par des fonctionnaires plus ou moins élevés du Département selon l'importance de l'objet.

En théorie, c'est au président du Comité qu'incombe la direction générale de toute cette administration, mais en fait, il se borne à conférer des questions les plus graves avec le vice-président, et c'est celui-ci qui expédie de sa propre autorité les neuf-dixièmes des affaires courantes, assez importantes pour ne pas devoir s'arrêter à quelque autre degré de l'échelle des fonctionnaires.

En théorie encore, c'est le président seul qui est responsable devant le Parlement de toutes les mesures prises au nom de *My Lords,* en matière d'édu-

---

[1] Todd. II, 694.

cation publique ; le vice-président, quoique souvent membre de la Chambre des Communes, n'est responsable de sa gestion que devant ses chefs immédiats : le président et le Comité d'Éducation.

En fait cependant, le véritable Ministre de l'Instruction publique, c'est le vice-président, et c'est lui qui est responsable de son administration devant la Chambre des Communes (¹).

(¹) L. Dupriez, *op cit.*, 1, 195.

CHAPITRE II

Le *SCHOOL BOARD*.

§ I. — Districts scolaires.

Tout le territoire auquel s'appliquent les lois que nous allons étudier a été divisé en vertu de l'article 4 de l'*Act* de 1870 en circonscriptions ou *districts* scolaires. Les limites de ces divisions sont très diverses et le Département d'Éducation qui les a tracées semble avoir eu égard à la situation respective des localités qu'il englobait dans un même district, plutôt qu'au chiffre de leur population. En règle générale, chaque bourg forme un district à lui seul, tandis qu'il n'est pas rare de voir plusieurs communes réunies en un seul district; leurs limites ne coïncident d'ailleurs pas nécessairement avec les bornes du territoire administratif des villes ou communes qu'ils renferment, et les localités comprises dans un même district restent toujours parfaitement distinctes et autonomes au point de vue de l'administration municipale.

La réunion de plusieurs localités en un seul district scolaire peut s'opérer librement par ces administrations elles-mêmes, sous l'approbation du Département d'Éducation. Mais celui-ci peut, s'il le juge convenable, décider de sa propre autorité, après une enquête contradictoire (¹), que plusieurs communes ou plusieurs districts déjà constitués, seront réunis en un seul district scolaire qui prend alors le nom d'*united district*. L'objet de cette disposition, d'après M. Forster, était d'alléger le poids de la taxe scolaire dans les petites localités.

Le Département conserve toujours le droit de dissoudre plus tard ce district uni, et de le diviser en autant de circonscriptions qu'il sera nécessaire selon les circonstances.

S'il arrivait même qu'il fut plus avantageux pour les enfants qui habitent aux confins d'un district de fréquenter l'école du district voisin, moins éloignée de leur demeure ou d'un accès plus facile, le Département d'Éducation les autoriserait à s'y rendre et fixerait la part contributoire du premier district aux dépenses du second, selon le nombre d'élèves repris par ce dernier. Cette combinaison pourrait même, aux termes de l'article 49, se produire pour la totalité de la population scolaire d'un district, et dans ce cas, l'un des deux serait dispensé d'établir une école sur son territoire, à charge de contribuer aux dépenses du district voisin dans la proportion fixée par le Ministère, après enquête. Ces districts prennent alors le nom de *contributaires*.

(¹) Cette enquête a lieu, comme toutes celles que prévoient les lois scolaires, dans la forme des enquêtes publiques ; elle est réglée à l'article 75 de l'*Act* de 1870, et présente quelque analogie avec nos enquêtes *de commodo et incommodo*.

Le district scolaire une fois constitué, le Département d'Éducation ordonne une enquête sur les besoins scolaires de la population et sur la façon dont il pourrait y être donné satisfaction à bref délai : *School accomodation* (art. 5 et suivants). Car c'est à lui qu'il incombe de veiller à ce que tous les enfants, à l'instruction desquels il n'est pas autrement pourvu, puissent recevoir l'éducation dans une école élémentaire publique, soit payante, soit gratuite (art. 5 de l'*Act* de 1891).

Par école *élémentaire* (nous dirions primaire) la loi entend toute école où l'instruction élémentaire forme la partie principale du programme, à l'exclusion toutefois de celles où la rétribution scolaire dépasse 9 *pence* (90 centimes) par semaine ([1]).

Pour être reconnue école élémentaire *publique* et avoir droit aux subsides du Gouvernement, l'école doit de plus se conformer aux quatre conditions essentielles déterminées dans l'article 7, dont la teneur doit être ostensiblement affichée dans les classes ; ce sont les suivantes :

I. Il ne sera jamais exigé, pour l'admission d'un enfant dans l'école :

a. Qu'il fréquente ou s'abstienne de fréquenter une école dominicale ou tout autre lieu de prières ;

b. Qu'il assiste à aucun office ou instruction religieuse dans l'école ou ailleurs, contre le gré de ses parents ([2]) ;

([1]) Cette rétribution ne comprend pas les frais de fournitures classiques et autres accessoires.

([2]) *Parents* désigne, outre les père et mère et ascendants,

c. Qu'il soit présent à l'école aux jours qui dans la religion de ses parents sont réservés exclusivement à des pratiques pieuses.

II. Les instructions ou exercices religieux, s'il y en a, ne pourront avoir lieu qu'au commencement et à la fin de la classe, et ce, d'après un horaire (¹)

les tuteurs et toutes autres personnes auxquelles la loi impose la garde et le soin des enfants en l'absence ou à défaut des parents.

Leur volonté peut se manifester par écrit ou verbalement, mais il faut qu'elle soit suffisamment exprimée pour que le directeur de l'école ne puisse s'y méprendre.

(¹) Cet horaire doit comporter au moins une heure et demie ou deux heures d'enseignement séculier, suivant qu'il s'agit d'écoles gardiennes (*infant schools*) ou d'écoles primaires (*schools for older children*), pour chaque réunion du matin et de l'après-midi. L'heure qui sera consacrée à l'instruction religieuse ne comptera pas comme heure de classe (*attendance time*) pendant laquelle on pourrait requérir la présence de tous les élèves inscrits sur le registre de l'école.

Quant aux élèves dispensés de l'instruction religieuse par leurs parents, il faudra cependant veiller à ce qu'ils ne quittent pas l'école, et faire en sorte qu'ils continuent leurs études, s'il y a moyen, dans quelque autre classe.

Les inspecteurs, avant de signer leur approbation au bas de cet horaire, devront s'assurer que l'instruction religieuse n'empiète pas sur le temps réservé à l'enseignement laïc ; une pareille infraction entraînerait la suppression des subsides.

Mais là se borne, en cette matière, la mission de l'inspecteur ; il lui est expressément recommandé de s'abstenir de faire, en présence des instituteurs, aucune remarque qui pourrait leur faire entendre que le Gouvernement est indifférent à la moralité des élèves, ou hostile à leur instruction religieuse. (*Circulaire* du 10 janvier 1878.)

approuvé par le Département d'Éducation et ostensiblement affiché dans la classe — *Time table conscience clause.*

Tout enfant peut être dispensé par ses parents d'y assister sans pour cela perdre aucun des autres bénéfices de l'école.

III. L'école devra en tout temps être accessible aux inspecteurs du Gouvernement, *Her Majesty's inspectors;* mais il est entendu qu'ils n'auront pas le droit d'interroger les élèves sur un sujet religieux quelconque [1].

IV. L'école devra enfin se conformer à toutes les autres conditions requises par le Code annuel du Département d'Éducation.

L'enquête sur les besoins scolaires du district [2] se

---

[1] Les directeurs de l'école, *managers,* peuvent désirer que leurs élèves soient examinés à ce point de vue ou à tout autre par une personne de leur choix (art. 76), mais pas plus de deux fois par an. Ils peuvent consacrer le jour de cette inspection à toutes espèces d'exercices religieux, mais ils doivent en fixer la date et la faire connaître quinze jours d'avance, et donner congé, le jour de l'examen, aux enfants que leurs parents dispensent ordinairement de l'assistance à l'instruction religieuse.

[2] Cette enquête devra porter sur les vingt-deux articles énumérés dans l'article 67 de l'*Act* de 1870 et dont les principaux sont les suivants :

L'école est-elle érigée en vertu d'une fondation (*trust*)? Quelles sont les clauses de ce *trust ?* — Est-elle dirigée par un comité ou par une seule personne ? — A qui appartiennent les bâtiments et dans quelles conditions sont-ils occupés ? — L'école dépend-elle de quelque confession religieuse et quels

fait régulièrement par les soins de l'autorité locale, conseil municipal de bourg ou de paroisse, qui peut, avec l'approbation du Département, déléguer cette mission à des personnes de son choix ; les frais normaux de l'enquête sont supportés par le Gouvernement.

Si l'autorité locale refuse son concours ou néglige de fournir les rapports nécessaires, le Département désigne un commissaire spécial pour les faire ; il peut même, depuis la loi de 1873 (art. 19), procéder directement ainsi, à l'exclusion de toute intervention de l'autorité locale, et il conserve en tous cas le droit de commettre un inspecteur chargé de vérifier la sincérité de l'enquête.

Les rapports de l'enquête sont imprimés par les soins du Département et il en est déposé un exemplaire à la disposition des contribuables au local de leur administration municipale.

Les divers éléments de ces rapports doivent être fournis à la Commission d'enquête par les directeurs des écoles libres du district ; faute de quoi, leurs institutions ne reçoivent aucun subside de l'État et sont

---

exercices du culte y pratique-t-on ? — Quel en est l'aménagement sanitaire et l'aménagement des classes ? — Quelles améliorations se propose-t-on d'y faire, s'il y a lieu, et à quelle époque ? — Quels sont le nombre, l'âge, le degré d'instruction des élèves ainsi que les conditions dans lesquelles les enfants fréquentent l'école ? — De quelle distance y arrivent-ils, quelle est la rétribution qu'on en exige, et quel est le programme de l'enseignement qu'ils y reçoivent ? — Quelles sont les ressources pécuniaires de l'école ? — etc.

censées inexistantes pour l'estimation des besoins scolaires du district (art. 8).

Aussitôt qu'il est arrivé à une conclusion définitive à ce sujet, le Département d'Éducation la publie dans le district comme il a déjà publié les rapports de la commission d'enquête, et dans le mois qui suit cette publication il accueille les réclamations écrites, soit d'un directeur d'école, soit d'au moins dix contribuables, ou d'un groupe de contribuables inférieur à dix, pourvu qu'ils représentent au total au moins un tiers des revenus imposables à la taxe des pauvres : *Poor law tax* (art. 9).

A défaut de cette réclamation dans le mois, ou après avoir ordonné un supplément d'enquête, si la réclamation s'est produite, le Département fait savoir que si dans les six mois qui suivent, il n'a pas été pourvu aux besoins du district scolaire dans la mesure qu'il a déterminée, il y procédera lui-même de par la loi (art. 10).

La loi anglaise ne requiert donc pas l'existence d'écoles officielles. Il lui suffit que des écoles libres, se conformant aux quatre conditions de l'article 7, pourvoient à l'instruction, tant gratuite que payante, de tous les enfants qui désirent l'éducation élémentaire.

Mais tel ne sera pas naturellement le cas le plus fréquent.

Il arrive en fait, ou bien que spontanément, pour un motif quelconque, les habitants du district réclament l'établissement d'écoles officielles [1], — ou

---

[1] Ce qui se fera dans les Bourgs par un vote du conseil

bien que le Département d'Éducation constate qu'il n'a pas été obéi dans les six mois à ses instructions données après les enquêtes, — ou bien qu'il prévoie que les écoles existantes ne vont pas tarder à devenir insuffisantes, à cause de l'accroissement de la population ou de la négligence de leurs directeurs.

Dans ces trois cas, le Département peut, sans enquête ultérieure, décréter l'institution d'un *School Board* pour créer et diriger les écoles officielles nécessaires dans le district : *School Board Schools* (art. 12.)

S'il arrivait ensuite que ce bureau scolaire refusât d'accomplir les ordres du Département, il lui serait substitué telles personnes que le Département choisirait et il serait traité comme *School board in default* (art. 11 et 63 à 66 de l'*Act* de 1870).

§ II. — Élection du Bureau scolaire.

Droit électoral. — Droit de vote.

Dans les bourgs, le *School Board* est élu par toutes les personnes des deux sexes qui figurent sur la liste des bourgeois (*Burgess roll*) au moment de l'élection (¹).

municipal en séance ordinaire et délibérant à la majorité des membres présents et ailleurs par un vote émis ; dans une assemblée de toutes les personnes qui auraient le droit de voter pour l'élection d'un *school-board*, s'il y avait lieu. Cette dernière assemblée doit avoir été convoquée sur réquisition écrite d'au moins 50 électeurs ou du tiers des contribuables de la localité s'il n'y en a pas 150.

(¹) Excepté à Oxford où l'Université a le droit de nommer

Dans les *Parishes* le corps électoral comprend tous les *ratepayers*, c'est-à-dire les contribuables des deux sexes soumis à la taxe des pauvres et qui ont, par conséquent, le droit de vote (*franchise*) pour l'élection du *Parish Council*, ou conseil de Paroisse lequel, en vertu d'une loi de 1894, a remplacé l'ancien *vestry*. La liste de ces électeurs est clôturée un mois avant la date de l'élection (Art. 29 de l'*Act* de 1870.)

A Londres et dans le district métropolitain, le corps électoral se compose, pour la cité, de tous les électeurs au *Common Council* (conseil municipal) et pour les communes de l'agglomération, des contribuables comme dans les autres localités paroissiales de l'Angleterre (Art. 37 et *cédule* II de l'*Act* de 1873.)

Par conséquent, le propriétaire qui paie la taxe dans différentes localités a le droit de vote dans chacun de ces districts, tout comme pour les élections parlementaires ; aussi, les élections n'ont-elles pas lieu le même jour pour tout le pays.

Grâce à l'organisation de la propriété en Angleterre, beaucoup de citoyens, simples locataires d'un immeuble dont le propriétaire paie les contributions, seraient exclus des listes électorales scolaires, quelque soit l'intérêt qu'ils aient à y figurer en qualité de chefs de famille, si une circulaire du Département d'Éducation ne prescrivait, que ces personnes seront

un tiers des membres du *School Board* (art. 90), et à Wenlock, petit bourg qu'une loi de 1874 a rangé parmi les localités dites paroisses, à raison de son peu d'importance.

inscrites sur les listes, mais sous le même numéro que leur propriétaire.

Sont exclues des listes et privées du droit de vote pour cause d'indignité, toutes les personnes qui se sont rendues coupables de l'un des faits prévus par la loi de 1883 sur la répression de l'emploi des manœuvres frauduleuses dans les élections parlementaires (¹) (loi qui les déclare déchues pour un terme de sept années au moins), et par la la loi de 1884 sur les élections municipales (²).

La loi prononce aussi l'exclusion de toute personne qui aura employé des manœuvres frauduleuses dans le but de vicier une élection scolaire (art. 91). Cette déchéance, se prolonge pendant six années. (Art. 8, *Act* de 1873.) La récidive entraîne l'exclusion pour sept années. (*Act* de 1889.)

Il va de soi que le droit électoral scolaire est également enlevé à toute personne qu'un jugement frappe d'incapacité au point de vue des corps électoraux majeurs en vertu des autres lois civiles et pénales.

Quant aux personnes qui en sont exclues pour une raison qui n'entache point leur honneur, nous trouvons :

Toutes celles qui reçoivent un traitement du *School board* qu'il s'agit de réélire (³);

(¹) *Corrupt and Illegal Practices Prevention Act* 1883. (46 et 47, Vict., c. 51).

(²) *Municipal Elections (Corrupt and Illegal Practices) Act* 1884. (47 et 48, Vict., c. 70).

(³) Elles ne sont pas rayées des listes, mais le droit de vote leur est enlevé pour toute la durée de leurs fonctions.

La femme mariée qui avait le droit de vote avant son mariage, du chef de ses contributions, et le voit ensuite attribuer à son mari (¹) ;

Les indigents qui, pendant l'année qui précède l'élection, ont reçu du bureau de bienfaisance (*Board of Guardians*) des secours (²) autres que l'assistance médicale (*parochial relief*).

Éligibilité.

Tout citoyen *des deux sexes* est éligible aux fonctions de membre d'un *School board*, à moins qu'il ne se trouve frappé d'une condamnation à l'emprisonnement pour un crime quelconque, qu'il n'ait été convaincu de fraude dans une élection quelconque, qu'il ne soit déclaré en faillite, ou n'ait obtenu un concordat de ses créanciers (³).

Le membre d'un *School board* qui, sans motif légitime et sans l'approbation de l'assemblée, s'abstiendrait de siéger pendant six mois consécutifs serait censé démissionnaire et ne pourrait être soumis à

(¹) Voir *Married Women's Property Act*, et la jurisprudence en cause de *la Reine contre Harrald*. — Law Reports, VII. Q. B. 361.

(²) Peu importe que ces secours aient été reçus par l'indigent lui-même, ou par sa femme ou ses enfants.

(³) Dans les deux premiers cas, l'incapacité est perpétuelle, dans les deux derniers elle demeure jusqu'à la réhabilitation du failli. Il importe de remarquer que la loi anglaise soumet tout insolvable aux lois sur la faillite, qu'il soit ou non commerçant.

réélection qu'après l'expiration du terme pour lequel ses collègues et lui-même avaient été nommés.

Les membres sortant de charge à l'expiration de leur mandat de trois années, sont immédiatement rééligibles.

En dehors des cas d'inéligibilité que nous venons de mentionner, la loi n'établit aucune incompatibilité entre le mandat scolaire et d'autres fonctions. Mais, par son article 34, elle décrète que jamais un membre d'un *School board* ne pourra occuper un emploi rémunéré dont la collation appartient à ce *board*, ou aux directeurs d'écoles nommés par lui, ni prendre une part quelconque aux bénéfices d'une entreprise exécutée sous les ordres du *board* ou de ses directeurs. Elle admet toutefois la vente de terrains ou le prêt d'une somme d'argent à cette administration par un de ses membres, ainsi que les contrats passés avec une société ou les annonces insérées par le *board* dans un journal dont un membre est actionnaire, à condition que ce membre s'abstienne de prendre part à la délibération sur cet objet.

Les infractions à ces dispositions seront punies d'une amende n'excédant pas £ 50 (fr. 1,250), et les fonctions occupées par le délinquant seront déclarées vacantes.

Opérations électorales.

C'est au Département d'Éducation qu'il appartient de fixer le nombre des membres de chaque *School board*, en proportion du chiffre de la population du district, avec cette restriction qu'il ne peut y en avoir moins de cinq, ni plus de quinze ; sauf pour Londres, qui en possède cinquante-cinq, répartis par le Département, en vertu de l'article 57 entre les onze divisions du district métropolitain.

Si deux ou plusieurs districts sont *unis* ou *contributaires*, c'est encore le Département qui fixe la quotité de sièges par lesquels chacun de ces districts sera représenté dans le *board* qu'ils élisent en commun, et cette quotité est proportionnelle à la part des dépenses générales qu'ils supportent respectivement (¹).

Aucune modification ne peut être apportée à ce nombre pendant les trois années que durent les fonctions du *board* élu, et si au cours de ce terme l'un des membres vient à décéder ou à démissionner, le *board* lui donnera par cooptation un successeur pour achever le terme du mandat.

Une fois le jour de l'élection fixé par le Département, la présentation des candidats (*nomination*) se fait selon les règles adoptées pour les élections municipales (²), et si le nombre de candidats n'excède pas le nombre des sièges à remplir, ils sont déclarés élus de plein droit et sans scrutin.

(¹) Pour les districts de   5,000 habitants :   5 membres.
               —   10,000   —   :   7   —
               —   40,000   —   :   9   —
               —   70,000   —   : 11   —
               —   100,000   —   : 13   —
       Au delà de 100,000   —   : 15   —

(²) Voir *Ballot Act*, 1872.

Dans le cas contraire, chaque électeur dispose d'autant de suffrages qu'il y a de mandats à conférer et il peut à son choix les répartir dans la liste ou les réunir sur un seul nom (¹).

Le président du bureau électoral, *returning officer*, qui est d'ordinaire le maire de la localité, communique les bulletins au Département qui proclame le résultat du scrutin.

La validité d'une élection ne peut plus se contester après l'expiration des six mois qui la suivent. (Art. 9, *Act* de 1873.)

Si pour un motif quelconque il n'y a pas eu d'élection, soit faute de candidats, soit négligence des électeurs (car le vote n'est pas obligatoire), ou si après l'élection d'un *School board* il se produit tellement de vacances ou d'invalidations que les membres restants ne puissent plus former le *quorum* requis, c'est-à-dire, se réunir en nombre suffisant pour délibérer valablement, le Département d'Éducation procède comme dans le cas d'un *School board* défaillant, *in default*. Si malgré les vacances et les invalidations, il demeure un nombre de membres suffisants pour former ce *quorum*, les décisions du *board* sont inattaquables, encore qu'il ait omis de se compléter par cooptation (Art. 30, de l'*Act* de 1870).

(¹) Le cumul se fait en inscrivant sur le bulletin de vote à coté du nom du candidat le nombre de voix que l'électeur lui donne, au lieu d'y tracer simplement une croix. Cela suppose évidemment que les électeurs ne soient pas illettrés.

§ III. — Pouvoirs du « School Board ».

Une fois le *School board* élu et entré en fonctions, il a comme premier devoir de remplir la mission que va lui confier le Département d'Éducation en lui transmettant les conclusions qu'il a prises après l'enquête dont nous avons déjà parlé.

Il a pour cela le droit de nommer son secrétaire et son trésorier ainsi que tous les autres agents qui lui sont nécessaires; deux ou plusieurs *School boards* peuvent se cotiser pour employer les mêmes fonctionnaires. Le *School board* choisit lui-même son président dans son sein. Seul le *Board* de Londres est autorisé à le choisir en dehors des personnes qui constituent l'assemblée et à lui payer un traitement; l'usage de cette faculté porterait à cinquante-six le nombre de membres du *School board* de Londres [1].

Si le Département d'Éducation estime que l'importance de la population exige l'affectation d'un local particulier aux séances du *School board*, il l'autorise à le construire ou à se le procurer dans les mêmes conditions qu'un bâtiment d'école (Art. 42. *Act* 1876.)

De plus, l'article 19 de la loi de 1870 donne aux *School boards* le droit de prendre toutes les mesures nécessaires pour la création des écoles requises par les besoins du district, telles que l'achat et la location [2]

---

[1] Le cas s'est présenté au mois de novembre 1894, lors de l'élection de Lord George Hamilton à la présidence du *board*.

[2] L'emphythéose est d'un usage extrêmement répandu en Angleterre.

de terrains et bâtiments et tous autres contrats en vue de l'aménagement complet de ces écoles.

Ils devront dans la suite agir de même selon les besoins croissants de la population, mais ils ont également le droit de supprimer une école officielle dont le Département reconnaîtrait l'inutilité, ou de transférer celles qu'il jugerait utile de déplacer.

Ils peuvent aussi vendre ou mettre en location les bâtiments d'école. Mais non pas sans autorisation préalable du Département d'Éducation. (Art. 22, loi de 1870.)

Le *School board* est revêtu par l'article 18 de la qualité de personne civile (*body corporate*); il est en cette qualité censé propriétaire des bâtiments d'école et il paie une contribution foncière, basée sur la valeur locative de ces immeubles [1].

Expropriation.

L'article 20 prévoit le cas où le *Board* ne trouverait pas de terrains ou bâtiments que le propriétaire consentirait à lui vendre ou à lui louer, et il le résout dans tous ses détails.

Déjà plusieurs lois votées entre 1841 et 1851 [2] avaient pourvu à ce que des subsides et certaines

---

[1] De nombreux arrêts de la Haute Cour de Londres ont établi que cette valeur locative doit être estimée comme si ces bâtiments étaient des constructions ordinaires, possédées par un simple particulier.

[2] *School sites Acts*, 1841, 1844, 1848, 1851.
Lands clauses consolidation Act, 1845.

facilités fussent accordés aux directeurs d'écoles libres, en vue d'aplanir ces difficultés ; mais l'article 20 couronne ce système à l'égard des *School boards* en leur donnant le droit de contraindre (¹) le propriétaire à traiter avec eux.

Voici dans quelles conditions :

Les seuls bâtiments pour l'achat ou l'érection desquels la loi autorise cette expropriation forcée sont les *School houses* ou bâtiments scolaires proprement dits, tels qu'ils sont définis dans l'article 11, § 3 : habitation de l'instituteur, cours de récréation, bureaux et constructions attenant à une école et requis pour son usage.

Le *School board* doit publier pendant trois semaines consécutives un avis annonçant qu'il se propose d'acheter tel terrain, de telle contenance, dont le plan peut être consulté dans ses bureaux, et il doit faire remettre une copie de cet avis, en forme d'assignation, au propriétaire et à l'occupant du terrain.

Ensuite il doit demander l'approbation du Département d'Éducation. S'il l'obtient, il en avertit les intéressés et demande au Parlement de voter contre eux une loi d'expropriation pour cause d'utilité publique.

Le *board* n'est à aucun moment de cette longue procédure engagé par un contrat quelconque envers le défendeur, et il peut abandonner son projet, même après le vote du Parlement ; en tout cas c'est au budget du *School board* qu'incombent tous les frais (²).

(¹) *Compulsory purchase and hiring of Land and Buildings.*
(²) *Voir la jurisprudence en cause de Burgess contre Bristol*

Emprunts.

Le *School fund* ou fonds de roulement du *board*, dont nous parlerons ultérieurement, sera naturellement insuffisant à couvrir les dépenses extraordinaires qu'entraînent ces opérations; c'est pourquoi l'article 10 de la loi de 1876, modifiant l'article 57 de l'act de 1870 donne au *School board* le droit de faire un emprunt pour couvrir ces dépenses. En même temps il les définit strictement : ce sont toutes dépenses nécessaires pour l'établissement ou l'agrandissement des bâtiments scolaires, pour l'acquittement des dettes hypothécaires ou autres qui grèvent un fonds affecté au service des écoles, et pour tous travaux d'aménagement ou d'amélioration, à condition qu'ils aient un caractère de permanence reconnu par le Département d'Éducation.

Une condition essentielle de l'emprunt, c'est qu'il soit autorisé par le Département d'Éducation, et que le produit en soit réellement consacré aux dépenses qui l'ont motivé.

Aucun emprunt ne peut cependant être approuvé s'il s'élève à plus de £ 10 (fr. 250) par tête d'élève; mais par exception le prêt d'une somme de £ 600 (fr. 15,000) au maximum peut être autorisé pour la construction du corps de logis principal d'une école.

L'emprunt peut être demandé à un particulier, et

et de *Rolls contre le School Board de Londres*. LAW REPORTS, *Chancery D.* 639, ainsi que le BULLETIN DES JUGES DE PAIX, vol. L, p. 485.

son remboursement réparti, d'accord avec le prêteur, en un certain nombre d'annuités ne dépassant pas cinquante et approuvé par le Département ; si cet accord ne peut se faire, le *board* devra mettre chaque année en réserve une somme égale à la cinquantième partie de l'emprunt pour former un fonds d'amortissement : *sinking fund*.

Si, au lieu de s'adresser à un particulier, *in the open market,* le *board* préfère avoir recours à la Commission des prêts pour travaux publics, les mêmes annuités peuvent être stipulées (¹). C'est en fait ce qui a lieu pour la majorité des emprunts.

Le remboursement des emprunts est garanti par le produit de la taxe municipale et par les revenus de l'administration scolaire.

Il résulte encore de diverses lois sur les prêts pour travaux publics (²) que le *School board* doit rendre compte, à la commission qui s'occupe de ces emprunts, de l'emploi détaillé des fonds souscrits. Si, toutefois, le *board* a jugé bon de ne pas les employer tous, il ne doit plus en rembourser l'excédent, mais il peut l'affecter à d'autres travaux pour lesquels l'emprunt eut pu être autorisé, ou le mettre en réserve pour faire ces travaux à l'avenir.

Moyennant l'accomplissement des mêmes formalités, le *School board* de Londres peut emprunter les

---

(¹) L'intérêt légal de ces emprunts varie de 3 à 5 p. %
suivant le nombre des annuités stipulées. — *Minute* de la Trésorerie du 17 juin 1885.

(²) *Public Works Loans Act*, 1875, art. 9 et 56. *Id.*, 1878, art. 4. *Id.*, 1881, art. 8.

fonds nécessaires au Conseil de comté de Londres (*County Council*). (Art. 58, loi de 1870.)

Depuis 1870 jusqu'au 1er avril 1894, le Département d'Éducation a autorisé 1,915 *School boards* à contracter 9,897 emprunts, pour une somme totale de fr. 673,441,975, dont environ deux tiers ont été avancés par la Commission des Prêts pour Travaux publics, et un tiers par le Conseil de comté de Londres et par des particuliers. Le chiffre de ces emprunts augmente constamment dans des proportions formidables : pour la seule année scolaire se terminant le 31 mars 1894, il a été de fr. 49,482,975.

L'ensemble des emprunts contractés entre 1870 et 1894 a été employé à construire des écoles pour recevoir 2,063,425 élèves ; cela représente donc une dépense de fr. 330 par élève ([1]).

§ IV. — Administration des écoles officielles par le « School Board ».

Le *Board* peut déléguer ses pouvoirs à un groupe d'au moins trois directeurs, *managers*, qui exerceront toutes ses attributions, sauf le droit d'emprunt. (Art. 15.)

Ces directeurs sont toujours révocables par le *board*. Celui-ci détermine comme il l'entend leurs pouvoirs et peut à son gré porter leur nombre au-dessus du minimum légal. Plusieurs *boards* peuvent

---

([1]) *Report of the committee of council on Education*, 1893-1894, pp. XVIII et XIX.

même s'entendre pour confier l'administration de leurs écoles à un seul corps de *managers*. (Art. 52.)

Les *School boards* et, le cas échéant, les directeurs délégués par eux nomment les instituteurs en toute liberté et sous les conditions qu'ils déterminent sauf l'approbation du Département.

Séances du School board.

La cédule III des *acts* de 1870 et de 1873 détermine le règlement des séances administratives du *School board* :

1. Le *board* se réunit quand et où il veut, pour discuter l'ordre du jour de son choix. Mais il est soumis aux conditions suivantes :

a) il doit tenir au moins une séance ordinaire par mois;

b) la publicité de ces séances est laissée à la discrétion du *board*;

c) le président est obligé de convoquer l'assemblée, si trois membres le réclament par écrit;

d) le *board* détermine lui-même le *quorum* requis pour la validité de ses délibérations; toutefois ce chiffre ne peut être inférieur à trois membres; à Londres, il en faut au moins neuf;

e) on vote à la simple majorité des membres présents, mais en cas de parité le président se voit attribuer un deuxième vote qui sera prépondérant, *casting vote* ;

f) il est tenu une liste des présents et des votants, et le scrutin n'est pas secret;

g) les délibérations sur la nomination ou le renvoi d'un instituteur, sur les dépenses nouvelles et tous paiements autres que les paiements périodiques ordinaires, et en général sur toute affaire qui demande aux termes de la loi l'approbation du Département, ne pourront avoir lieu qu'après une convocation adressée par écrit à chaque membre, quatre jours au moins avant la séance.

2. Le président est choisi pour trois ans ; celui qui le remplace en cas de démission ou de mort, achève ce terme de trois ans.

3. Les mandats de paiement du *board* sont valablement créés par la signature de deux membres et du secrétaire ; jusqu'à preuve contraire, ces membres sont présumés avoir reçu du *board* l'autorisation de donner cette signature.

4. Les nominations sont validées par une délibération signée du président et du secrétaire ou *clerk* du *board*.

Quant aux *managers*, leurs réunions se tiennent d'après un règlement semblable, déterminé par le *board* qui les a nommés.

Le programme de l'enseignement officiel.

Nous n'avons pas à nous occuper, dans les limites de cet essai, du programme technique de l'enseignement qui se donne dans les écoles primaires anglaises. Il nous suffira de savoir qu'il est rédigé chaque année jusque dans ses moindres détails par le Département et publié dans le *Code d'éducation* ; il comprend des branches obligatoires et des branches facultatives dont l'enseignement servira à déterminer la quotité du subside que nous indiquerons plus loin. Le choix des livres est absolument abandonné à l'administration scolaire. Quant à l'enseignement de la religion, la loi laisse toute liberté au *school board* pour décider s'il fera partie du programme, avec cette seule restriction que s'il y figure, il ne pourra jamais comprendre « l'explication d'aucun catéchisme ni formulaire religieux appartenant à une confession religieuse déterminée, » *distinctive of any particular denomination* ».

De plus, cet enseignement religieux « neutre » — *undenominational* — devra se donner aux heures et dans les conditions que détermine l'article 7 et qui sont essentielles pour que l'école du *board* soit considérée comme *école publique*.

La sanction de ces dispositions légales est invariable; le *board* qui refuserait de s'y conformer serait considéré comme défaillant : *School board in default*.

Diverses espèces d'écoles.

Outre les écoles primaires officielles instituées par la Loi de 1870, le *school board* peut encore fonder et entretenir dans des conditions identiques et moyennant une autorisation des écoles appelées *industrial schools*. Mais celles-ci doivent toujours rester soumises à l'autorité suprême du Secrétaire d'État à qui ressortit l'administration pénitentiaire du royaume : c'est le *Home Secretary* ou Ministre de l'Intérieur, qui remplit en Angleterre les fonctions d'un ministre de la justice répressive.

Ces écoles industrielles sont de deux espèces :

1º Les *certified industrial schools*, où le Gouvernement reçoit au régime de l'internat les enfants abandonnés, vagabonds et mendiants, qui chez nous seraient mis à la disposition du Gouvernement dans une de ses écoles de bienfaisance ;

2° Les *certified day industrial schools*, analogues aux précédentes, mais ne comportant pas le logement des élèves.

On y détient également les enfants dont les parents s'obstinent à ne pas veiller à ce qu'ils fréquentent l'école où ils sont inscrits, en vertu des lois et règlements sur l'instruction obligatoire et sur la limitation du travail des enfants que nous rencontrerons bientôt.

Au point de vue de l'enseignement, ces écoles sont soumises aux mêmes conditions que les autres écoles primaires.

En fait, il est très rare qu'elles soient fondées et administrées par un *school board*; ordinairement elles sont directement soumises à l'administration pénitentiaire et le *board* se contente de contribuer à leur entretien dans la mesure qu'il détermine librement.

S'il refuse d'y contribuer, la part des dépenses que l'État ne veut point assumer incombe aux communes d'où proviennent les enfants de l'école industrielle et à leurs parents, à moins qu'ils ne prouvent leur indigence.

Le *School board* de Londres entretient également sur la Tamise une école navale, à bord du *Scaftesbury*, mais les résultats sont peu favorables à l'expérience.

La Commission Royale d'Éducation, dans son rapport publié en 1888 après une enquête qui avait duré trois ans, a d'ailleurs insisté pour que toutes ces écoles industrielles et spéciales fussent placées en dehors de l'influence des *School boards* et confiées exclusivement aux soins de l'État.

Cependant, en vertu des lois de 1889 et 1891 (¹), le *School board,* ou à son défaut les autorités municipales, peuvent instituer des écoles professionnelles, qui seront placées sous le contrôle du Département des Sciences et des Arts et subsidiées par les crédits de cette administration.

Il y a enfin une catégorie d'écoles qui se trouvent absolument soustraites à l'influence du *School board* : ce sont les écoles annexées au *Workhouse* ou Refuge de la Commune; elles servent à l'instruction des petits vagabonds que l'on y recueille en attendant leur transfert à l'école industrielle, et sont régies par deux ordonnances du *Local Government Board* de 1877 et 1878.

§ V. — Pouvoirs réglementaires du « School Board ».

Les règlements portés par le *School board* doivent toujours être soumis à l'approbation du Département d'Éducation, et l'accomplissement de cette formalité leur donne force de loi.

Le *board* peut émettre pareils règlements (*bye-laws*) pour tout ce qui concerne l'administration des écoles officielles et l'instruction de la population enfantine du district; mais il ne peut jamais donner un caractère particulier à l'enseignement religieux qui serait reçu dans ces écoles.

(¹) *Technical Instruction Acts,* 1889-1891.

La loi a pris soin d'organiser elle-même ce pouvoir réglementaire, en tant qu'il a pour objet l'instruction obligatoire et la rétribution scolaire des écoles officielles.

Depuis la loi de 1880 (art. 2) le *School board* est obligé de mettre à exécution dans son district les dispositions règlementaires légales qui sont relatives à ces deux questions, tandis qu'auparavant il était libre de ne pas s'en préoccuper.

I. L'Enseignement obligatoire. *Compulsory attendance,* (art. 74. Loi de 1870).

1º Le *board* peut exiger la fréquentation de ses écoles par tous les enfants du district entre l'âge de cinq et treize ans, à moins qu'ils ne puissent invoquer, pour s'en dispenser, une excuse raisonnable ; c'est-à-dire, à moins que les parents ne prouvent :

Que l'enfant reçoit ailleurs une instruction suffisante ;

Ou qu'il est retenu loin de l'école pour cause de maladie ou par un cas de force majeure ;

Ou qu'il n'y a pas d'école primaire *publique* accessible à l'enfant dans un rayon maximum de trois milles (près de cinq kilomètres) de leur habitation, par le plus court chemin.

L'enfant entre l'âge de onze [1] et treize ans qui a obtenu d'un inspecteur du Gouvernement un certi-

---

[1] Avant le 1ᵉʳ janvier 1894 la limite inférieure était *dix* ans. Voir loi du 22 septembre 1893.

ficat constatant qu'il a atteint le second degré d'instruction déterminé par le Code d'Éducation, est dispensé partiellement de la fréquentation obligatoire; celui qui a obtenu un pareil certificat du quatrième degré (*standard*) en est dispensé totalement.

Les excuses qui sont énumérées dans cet article ne sont pas limitatives et d'autres motifs analogues peuvent être invoqués, s'il y a lieu (¹).

Les parents ne sont pas considérés comme ayant rempli leurs devoirs tels que les déterminent ces *byelaws*, s'ils ont, par exemple, envoyé leurs enfants à l'école sans leur remettre la monnaie nécessaire pour payer leur rétribution scolaire, quand bien même cela n'aurait pas empêché l'admission de l'enfant en classe, sauf, bien entendu, le cas d'indigence (²).

2° Le *school board* a le droit de réclamer la présence des enfants dans l'école pendant tout le temps qu'elle est ouverte, avec cette restriction qu'un enfant ne peut être obligé de la fréquenter lorsque la pratique de sa religion exigerait sa présence ailleurs, et qu'aucun règlement en cette matière ne peut entrer en contradiction avec les lois sur la limitation du travail des enfants;

3° Le *board* peut sanctionner ces règlements par

(¹) *Voir* la jurisprudence en cause de *Belper* contre *Bayley* et du *School board de Londres* contre *Duggan*. LAW REPORTS. Vol. IX, Q. B. 289 et vol. XIII, id. 176.

(²) *Voir* la jurisprudence du Lord Chef Justicier Coleridge et des Juges de la Haute Cour en cause de *Saundles* contre *Richardson* et du *School board de Londres* contre *Wood*. LAW REPORTS. Vol. VII, Q. B. 588 et XV, id. 415.

une peine qui ne peut excéder 5 shillings (fr. 6.25), tous frais compris (¹);

4° Le *school board* peut toujours révoquer et modifier ces règlements.

II. La rétribution scolaire. *School fee.*

Le *board* doit, sous l'approbation du Département d'Éducation, fixer le taux de la rétribution scolaire hebdomadaire; ce chiffre, qui ne comprend jamais le prix des fournitures classiques, ne peut en aucun cas excéder 9 *pence* (90 centimes), par semaine.

Le *board* peut faire remise aux parents indigents de tout ou partie de la rétribution scolaire pour une période de six mois; cette faveur peut être renouvelée, mais elle ne sera jamais considérée comme ayant un caractère d'assistance publique (²).

(¹) Ces frais ne comprennent que le coût de l'instance, et non pas celui que peut occasionner le recouvrement de l'amende. Voir la jurisprudence en cause de *Cook* contre *Plaskett*. Law Times. Vol. XLVI. N. S. 383.

(²) Le Département d'Education, sans s'opposer à ce que les *School boards* fassent une différence au point de vue de la rétribution scolaire entre les enfants qui ont moins de sept ans et ceux qui ont dépassé cet âge, désire cependant que le minerval ne s'accroisse pas en proportion du rang de la classe où entrent successivement les élèves, car ce serait en quelque sorte décourager leurs progrès et favoriser l'absentéisme des aînés.

Il conseille également de ne pas transformer cette remise du minerval en une prime donnée à l'exactitude de la fréquentation; en effet, dit-il, il ne faut pas faire de cette faveur extraor-

Après que ces règlements du *school board* ont été rédigés et déposés pendant un mois à la disposition du public, l'approbation du Département d'Education leur donne force de loi et l'exécution peut en être poursuivie devant les cours de juridiction sommaire, composées de juges de paix (*Magistrates*), avec faculté d'appeler de leur décision à la Haute Cour de Londres (section du Banc de la Reine) et ultérieurement à la Cour d'appel.

L'arriéré de la rétribution scolaire n'est pas considéré comme dette civile et la poursuite des mauvais débiteurs affecte la forme spéciale de la procédure sommaire, sans passer par la juridiction civile des cours de comté (¹). Le maximum de l'amende est le

dinaire la récompense pour l'accomplissement d'un devoir élémentaire.

Mais par contre, il ne désapprouve pas une légère augmentation de minerval à l'égard des élèves dont la fréquentation est capricieuse et irrégulière sans qu'ils puissent invoquer d'excuse plausible.

Il conseille de même la pratique du paiement par anticipation, afin d'intéresser plus vivement les parents à ce que les enfants fréquentent régulièrement l'école pendant toute la semaine. Dans ce but, il a même annoncé son intention d'approuver de la part d'un *board* le refus de recevoir dans ses écoles les élèves dont le minerval ne serait pas payé par anticipation au commencement de chaque semaine, à moins que ce défaut de paiement n'ait pour cause l'indigence des parents ou tout autre motif légitime qu'une enquête pourrait révéler.

(¹) *Voir* la décision rendue à la majorité de deux juges contre un dans l'appel du *School board de Londres* contre *Wright*. LAW REPORTS. Vol. XII. Q. B. 878.

même que pour l'infraction contre les règlements d'instruction obligatoire. Les parents qui, par de fausses déclarations d'indigence, obtiendraient le bénéfice de la remise du minerval sans y avoir droit, sont passibles, outre l'amende, d'un emprisonnement qui ne peut excéder quinze jours.

Toutes poursuites à charge des contrevenants à un règlement du *school board* devront être exercées par les soins de deux membres du *board*.

Telles sont, en matière réglementaire, les dispositions législatives de l'*Act* de 1870 que des lois ultérieures n'ont pas abrogées; nous verrons bientôt quelles sont celles que les *Acts* suivants et en particulier la loi de 1876 y ont ajoutées.

Il nous resterait à étudier maintenant la partie de l'*Act* de 1870 qui concerne spécialement les dépenses et recettes du *school board*, ainsi que les mesures que prend le Département d'Éducation à l'égard des *school boards* défaillants.

Mais avant de passer à ce chapitre, nous devons donner un rapide coup d'œil à l'organisme qui depuis la loi de 1876 a remplacé le *school board* dans un grand nombre de districts : le *school attendance committee* ou comité de fréquentation scolaire.

CHAPITRE III

Le « School attendance Committee ».

§ I. — Origines et raison d'être de ce nouvel organe.

Nous verrons plus loin, lorsque nous examinerons les diverses sources de revenus que l'*Act* de 1870 a créées au profit des *School boards,* que la plus vexatoire sinon la plus productive d'entre elles est le droit conféré au *board* de prélever sur le budget des autorités municipales du district scolaire une certaine somme pour l'appliquer au profit des écoles officielles.

Élu en dehors du cercle restreint de la politique de clocher, le *School board* n'avait aucun scrupule à taxer libéralement les fonds des paroisses de son district, d'autant moins que ses membres étaient souvent toutes autres personnes que les membres de l'administration locale.

Or si le paysan anglais a la crainte du Seigneur, disait l'évêque d'Hereford, Dr James Atlay, il a encore bien plus la crainte de la taxe.

Le clergé avait habilement exploité cette aversion et après quatorze mois du nouveau régime de 1870, plus de la moitié des bourgs et 98 % des communes rurales n'avaient encore pris aucune mesure pour la constitution d'un *School board*.

Dans les districts où le *board* avait été constitué, l'élection de ses membres se faisait après une lutte acharnée entre un groupe d'Anglicans bien disciplinés d'une part, et de l'autre, une masse de Libéraux et de Dissidents, dépourvus de toute organisation à cause de la multitude de leurs fractions. Le vote cumulatif donnait nécessairement la majorité aux premiers, malgré la supériorité numérique de leurs adversaires en beaucoup d'endroits.

Dans ces *boards* élus par des partisans irréductibles du régime confessionnel, l'application administrative de l'*Act* de 1870 était diamétralement opposée aux intentions de M. Forster. La qualité de *Churchman* (protestant anglican) était sévèrement requise de tous les candidats à un poste relevant du *board*; si l'œuvre des vêtements existait dans un district, les pasteurs de paroisse excluaient de son bénéfice les enfants qui ne fréquentaient pas l'école dominicale anglicane; ailleurs on élevait de 50 centimes à 2 francs la rétribution hebdomadaire des enfants qui fréquentaient le dimanche des cours de religion dissidente; ailleurs encore on distribuait les prix le dimanche en l'absence des dissidents, retenus par leurs offices; ou bien quelques bonnes âmes de la paroisse organisaient un arbre de Noël ou un thé en ayant soin de laisser les malheureux petits dissidents se morfondre dans les ténèbres extérieures.

La situation des instituteurs de village était encore moins enviable que celle de leurs élèves les moins favorisés par le *School board*. Il n'était pas rare en effet qu'un pauvre maître d'école fût absolument exploité par le *Parson,* ou curé protestant, qui en faisait tour à tour son sacristain, son bedeau, son organiste, son fossoyeur, son jardinier et quelquefois son vacher ! Autant de fonctions disparates que le malheureux devait embrasser très platoniquement, sous peine de perdre même son maigre salaire d'instituteur.

De son côté, le ministère craignait de perdre sa loi dans l'esprit du public, s'il se montrait trop rigoureux à l'égard des districts où l'institution du *School board* rencontrait peu de faveur. Ses concessions allèrent naturellement aux anglicans qui le faisaient harceler par les têtes de leur parti, grands seigneurs et riches évêques très influents. Il arriva plus d'une fois que le Département d'Éducation ne prît aucune mesure pour la création d'écoles dans des districts où il n'y avait que des écoles anglicanes subsidiées au mépris de la loi, puisqu'elles contraignaient les enfants catholiques et dissidents à recevoir leur enseignement religieux épiscopalien. La clause de conscience de même que la définition de l'école élémentaire *publique* furent violées ouvertement pendant les premières années du nouveau régime, non pas grâce à la complicité, mais certainement à la faveur de la nonchalance du Département d'Éducation, qui fermait les yeux pour ne pas mécontenter l'opposition.

Depuis quinze ans cependant dormait dans l'arsenal des Statuts d'Angleterre une loi dite *Denison's Act,* qui reconnaissait aux seuls administrateurs de la bienfaisance publique (*Boards of Guardians of the Poor*) le droit de payer la rétribution scolaire des indigents. L'avantage résultant de l'application de cette loi était manifeste : au lieu de devoir s'adresser à l'école du *School board* ou à toute autre, à l'exclusion de celles qui n'étaient pas assez riches pour admettre les enfants gratuitement, le père de famille indigent aurait désormais choisi librement l'école que lui désignaient ses convictions religieuses ; l'enfant devait y être admis puisque les *Guardains* pourvoyaient à la rétribution et que les sentiments religieux ne pouvaient jamais entrer en ligne de compte dans la distribution de leurs secours.

On ne sait pourquoi le *Denison's Act* resta lettre morte jusqu'au jour où le ministère, pressé par sa propre majorité, se décida à l'exécuter en même temps qu'il fit voter l'*Act* d'amendement de 1873 qui complétait la faculté d'emprunt des *School boards* et qui achevait de régler la procédure électorale, le mode des délibérations des *Boards* et quelques autres points d'importance secondaire.

C'était quelque chose, sans doute, mais c'était encore bien peu. Pour un instrument de fraude qu'on leur confisquait, les adversaires intéressés de la loi en avaient cent autres à leur disposition. Aussi, dans le premier rapport qui suit l'application de la nouvelle loi, le Gouvernement constate-t-il que sur deux millions et demi d'enfants inscrits sur les registres scolaires, 780,000 seulement avaient fréquenté l'école d'une façon tant soit peu régulière ; il ajoute que la plupart des *boards* dans les districts ruraux ont dû être constitués par le Département d'Éducation lui-même, en présence du refus obstiné de la population de prendre part aux élections scolaires (¹). Cela n'est guère étonnant puisque les propriétaires et les fermiers menaçaient de renvoi les ouvriers qui auraient osé se rendre au scrutin.

La situation n'était plus tenable d'aucun côté, pas plus pour le Département d'Éducation qui se trouvait en hostilité avec les conservateurs, que pour les Dissidents qui étaient taxés au profit des écoles de leurs adversaires religieux.

Ce n'est pas que l'*Act* de 1870 fût une chimère ou que ses principes fussent mauvais. La loi n'était qu'incomplète et combattue par l'esprit de parti, au lieu d'être appliquée dans le sens des vrais intérêts de l'instruction publique.

L'*Act* de 1876, appelé l'*Act de lord Sandon*, voté sous le ministère conservateur de M. Disraëli (plus tard lord Beaconsfield) vint apporter un premier remède à la situation.

§ II. — Constitution du nouvel organisme.

Tout d'abord la loi de 1876 confirme aux Adminis-

(¹) De 1870 à 1872, il avait été créé 544 *School boards*. En 1876, il y en avait 1769. Les premiers avaient été érigés volontairement par les grandes agglomérations, mais il n'en avait pas été de même dans les districts ruraux. Il y a aujourd'hui 5164 administrations scolaires. Pendant la dernière année scolaire 1893-1894, pas moins de 43 *boards* ont encore dû être créés d'office par le Département sur un total de 58, tous ruraux.

trateurs des Pauvres le droit exclusif de *payer* la rétribution scolaire des indigents, ne laissant au *school board* que le droit d'en faire *remise* aux parents dont les enfants fréquenteront les écoles.

Ensuite, dans son article 7, elle consacre l'institution des comités de fréquentation scolaire : désormais, dans les localités où il n'y a pas encore de *school board*, les habitants peuvent opter pour la constitution d'un *school attendance committee*.

Ce comité offre beaucoup plus de garanties que le *school board* parce qu'il ne se trouve plus comme lui indépendant de l'administration financière des communes du district et qu'il n'est d'ailleurs pas choisi par un mode d'élection populaire ni pour une aussi longue durée de fonctions.

En effet, le *school attendance committee* est élu tous les ans par un conseil déjà électif lui-même et qui est, dans les Bourgs, le conseil municipal, et dans les Paroisses ou Communes, le Bureau de Bienfaisance qui les a sous sa juridiction (¹).

(¹) Depuis le commencement de ce siècle, l'Angleterre s'était divisée en Unions ou groupes de paroisses qui s'associaient entre elles pour concourir à l'administration de la bienfaisance publique dans leur Union : *Poor Law Union*.

Chaque Union était administrée par un conseil de *Guardians of the Poor*, élus par le même corps électoral que les *School boards*. C'est d'ailleurs un fait remarquable qu'il y a extrêmement peu de différence en Angleterre entre les divers corps électoraux qui nomment le Parlement, les divers conseils administratifs de paroisse, de comté, de district, les *School boards* et les conseils municipaux dans les bourgs.

Aujourd'hui que le régime du *Local Government* a été si

Le *School attendance committee* ainsi nommé peut se composer de six à douze membres, qui doivent être pris dans le sein du conseil qui les nomme ; ce dernier peut en modifier le nombre, en restant dans ces limites. Les vacances qui viendraient à se produire sont remplies selon le même mode que pour les *School boards* : par cooptation du Comité lui-même.

Le Comité peut déléguer ses pouvoirs à divers *local sub-committees* d'au moins trois personnes, mais il ne peut jamais leur abandonner son pouvoir règlementaire ni le droit d'exercer les poursuites judiciaires. Les délibérations du *School attendance committee* ont lieu dans la forme prescrite par le *Local Government Board* ([1]). D'une manière générale, ces

profondément modifié en 1894 par l'institution des conseils de paroisse élus démocratiquement, les Unions de paroisses en vue de la bienfaisance ont cependant été maintenues; mais les *Boards of Guardians* ne sont plus élus : ils sont composés d'office des membres des conseils de district administratif dont dépendent les paroisses qui forment librement entre elles une Union de bienfaisance. On ne prend dans ces conseils de district que les membres qui y représentent les diverses paroisses de l'Union. Les femmes peuvent toujours continuer à être *Guardians*, mais elles ne peuvent plus présider le *board*, par la raison que le président de cette administration devient en vertu même de ses fonctions, juge de paix d'office : *ex officio justice of the peace.*

([1]) Le *School attendance committee* se trouve placé en effet sous la direction de ce département ministériel, (qui serait notre ministère de l'Intérieur) tout comme les conseils dont il peut émaner, bien plus que sous l'autorité du Département d'Éducation. (*Ordonnances* du 14 avril 1877 et du 4 juin 1877, modifiées par celles du 7 octobre 1879.)

délibérations sont soumises au conseil qui a nommé le comité, dès qu'elles ont une certaine importance ; les plus graves d'entre elles sont ultérieurement portées au *Local Government Board;* quelques-unes reçoivent, en outre, l'approbation ou le désaveu du Département d'Éducation, comme celles du *School board.*

Le Comité de fréquentation n'a pas les mêmes pouvoirs que le *School board.* Il n'a pas notamment le droit de créer des écoles officielles, et c'est ce qui explique qu'à l'heure présente encore le Département d'Éducation continue à ériger, soit à la demande des habitants, soit d'office, des *School boards* dans les districts où les écoles libres sont en nombre insuffisant ou dans un tel état de décadence que le besoin d'autres écoles ne tardera pas à se faire sentir.

Le *School attendance committee,* au contraire, comme son nom l'indique, n'a pour mission que d'assurer la fréquentation effective des écoles libres dans les districts où il n'y a pas encore de *School board* ni d'écoles officielles. La loi pourvoit ainsi au contrôle de l'enseignement primaire par une autorité locale sans obliger les citoyens à supporter les ennuis et les frais considérables d'une élection de *School board.*

Le comité a pour accomplir cette mission le même pouvoir réglementaire que les *School boards,* en ce qui concerne la fréquentation obligatoire des écoles ; mais jamais il ne peut faire remise aux indigents de tout ou partie de la rétribution scolaire, puisqu'il n'a pas d'écoles, ni la leur payer, puisque cette charge rentre dans les attributions des *Boards of Guardians* des Unions.

Lorsque la loi de 1876 désigne les *School boards* et les *School attendance committees* sous le seul nom de *Local authority*, — que nous traduirons par autorité scolaire, afin d'éviter toute équivoque, — elle entend donc ne les confondre que pour autant qu'ils aient les mêmes pouvoirs réglementaires ; tandis qu'elle ne touche pas au pouvoir de taxation que le *School board* puise dans l'Act de 1871, la loi de 1876 décrète expressément que ce pouvoir ne sera pas donné au *School attendance committee*. Celui-ci ne pourra faire que les dépenses qu'autorisera le conseil qui l'a nommé dans son sein. Les mandats de paiement qu'il émettra et les quittances qu'il signera seront payées et recouvrées par ce conseil et non pas par le comité. Les fonds nécessaires à son administration seront avancés par le Conseil qui les prélèvera soit sur la caisse municipale du bourg, soit, proportionnellement à leur importance respective, sur les caisses des diverses paroisses de l'Union, et qui y pourvoira par l'économie qu'il apportera dans la gestion de ses propres affaires, ou par une taxe nouvelle qu'il imposera aux populations des localités qu'il administre.

C'est la différence capitale qui existe entre le *School Board* et le *School attendance Committee*. Pour le reste, ces deux institutions sont également soumises à l'obligation de laisser contrôler tous les trois mois tous leurs comptes, par une administration d'inspecteurs spéciaux (*auditors*) chargés de les vérifier et d'en faire rapport au Département d'Éducation.

§ III. — Autorité scolaire défaillante, — *in default*.

Chaque fois que cette autorité, ou une administration publique chargée d'une mission qui se rapporte à l'instruction publique, manque de remplir les devoirs que la loi lui impose, le Département d'Éducation y procède d'autorité aux lieu et place de l'administration défaillante, par la nomination de commissaires spéciaux dont la Loi lui abandonne absolument le choix et la détermination des pouvoirs.

Tous les frais qui seraient faits par ces commissaires spéciaux retombent à la charge de l'administration *in default*.

Le Département d'Éducation a même le droit de dissoudre un *School board*, mais il doit en ce cas faire un rapport spécial au Parlement [1].

---

[1] Art. 41 et 63-66 (1876) et 2 (1880) etc.

CHAPITRE IV

L'Instruction obligatoire selon les Acts de 1870-1876 et 1880.

Nous connaissons le pouvoir réglementaire accordé au *School board* à ce point de vue par l'article 74 de la loi de 1870 et les conditions dans lesquelles il pouvait s'exercer.

En 1873, un membre du Parlement, usant de son droit d'initiative, avait proposé et était parvenu à faire voter avec l'appui du Gouvernement une loi tendant à procurer indirectement l'instruction obligatoire dans les districts ruraux. Il devait être absolument interdit d'employer aux travaux agricoles les enfants de moins de huit ans, et ceux de moins de douze ans ne pouvaient s'y livrer qu'après avoir fourni une fréquentation régulière et un certain nombre de présences à l'école pendant l'année qui précédait leur engagement ouvrier.

La loi, dite *Children's Agriculture Act,* 1873, resta lettre morte comme plus d'une autre, et dans les rares circonstances où l'on voulut en essayer l'application, le fermier paya lui-même l'amende à la place des parents dont il employait les enfants ; le taux en était d'ailleurs si faible qu'il y gagnait encore.

Aussi, après avoir remédié aux inconvénients du *School board* par l'institution du *School attendance committee,* le législateur de 1876 concentra tous ses soins vers le mal de l'absentéisme qui sévissait dans les écoles. Les premiers mots de la loi en témoignent :
« Attendu qu'il est expédient de pourvoir dans une
» plus large mesure à l'éducation des enfants, et sur-
» tout à ce que la responsabilité des parents en cette
» matière soit rendue effective et organisée d'une
» manière complète... » (¹)

Les moyens créés par la loi dans ce but sont de deux espèces : les moyens directs et les moyens indirects.

§ I. — La contrainte directe.

I. La loi de 1876 s'était contentée de donner au *School attendance committee* le pouvoir réglementaire que le *School board* avait reçu de la loi de 1870, mais l'exercice de ce pouvoir restait facultatif pour ceux qui le possédaient.

Depuis la loi de 1880, l'exercice en est devenu obligatoire (art. 2), et, à défaut par l'autorité scolaire de se conformer à cet ordre sans délai, le Département d'Éducation édicte d'office les règlements en question. La requête ou l'autorisation des contri-

---

(¹) ... *securing the fulfilment of parental responsibility in relation thereto*...

buables n'est plus exigée pour que l'autorité scolaire puisse porter ces règlements.

II. De plus, la loi de 1876 elle-même a formulé en matière d'enseignement obligatoire une série de règles qui rendent presqu'inutiles celles du *School board* et du *School attendance committee*.

Suivant l'article 11 de cette loi, si le parent d'un enfant âgé d'au moins cinq ans et qui se trouve soumis au régime établi par la loi sur le travail des enfants ([1]), néglige habituellement et sans motif plausible ([2]) de lui faire donner une instruction primaire convenable (*efficient elementary education*); — ou si l'enfant est habituellement rencontré en état d'abandon, ou de vagabondage, ou en compagnie de personnes suspectes ; — l'autorité scolaire aura le devoir de donner un avertissement aux parents. S'ils refusent de s'y conformer, elle portera plainte devant une cour de juridiction sommaire qui rendra une ordonnance (*attendance order*).

L'enfant devra fréquenter telle école reconnue ([3]) par la loi, dont le nom sera inscrit dans l'ordonnance, sur désignation du parent inculpé; à défaut de ce

---

([1]) *Voir* § II. *Contrainte Indirecte*, p. 91.

([2]) Ces excuses sont les mêmes que celles de l'art. 74 (loi de 1870) que nous avons déjà énumérées, sauf qu'ici la loi abaisse de trois à deux milles la distance qui peut motiver l'absence de l'enfant de certaines écoles.

([3]) *Certified efficient School*. Nous verrons plus loin comment une école qui n'est pas élémentaire *publique* peut cependant être reconnue par la loi, bien qu'elle ne reçoive pas de subsides.

choix, la Cour désignera elle-même une école élémentaire *publique* (¹) que l'enfant devra fréquenter chaque fois qu'elle sera ouverte aux élèves, ou selon toutes autres conditions d'assiduité que la Cour déterminera, c'est-à-dire, plus rarement que les autres élèves, si le degré d'instruction du délinquant motive cette dernière mesure.

La loi de 1876 doit s'appliquer concurremment avec les règlements de l'autorité scolaire, de sorte que les poursuites s'exerceront aux termes des *bye-laws*, dans les limites de l'article 74 de la loi de 1870 (par exemple au cas où l'enfant serait entre les âges de cinq et treize ans), et pour le surplus, aux termes de l'article 11 de la loi de 1876 et des lois sur la limitation du travail des enfants (si, par exemple, l'enfant est âgé de treize à quatorze ans) (²).

Par une ordonnance en date du 14 avril 1877, (art. 12) le *Local Government Board* a déterminé les attributions d'un fonctionnaire spécialement chargé de veiller à l'observation des dispositions qui précèdent, et de faire rapport sur toutes les infractions à la loi. Ce fonctionnaire, qui porte le nom de *School attendance officer*, est nommé par l'autorité scolaire qui administre le district où il exerce ses fonctions.

L'article 12 de la loi de 1876 prévoit encore le cas

(¹) En vertu de la 1ʳᵉ partie de l'article 11 cette école doit être dans un rayon maximum de deux milles de l'habitation de l'enfant; par conséquent s'il n'y a pas d'école dans ce rayon, la cour ne pourra pas rendre d'ordonnance. C'est évidemment une lacune dans la loi.

(²) *Voir* § II, *Contrainte indirecte*, p. 91.

où les parents refuseraient de se conformer aux ordres de la Cour de juridiction sommaire, sans qu'ils puissent invoquer aucun motif légitime de résistance. En ce cas, le *School attendance officer* fait rapport à l'autorité scolaire, qui, à son tour, porte plainte devant la même cour.

Ici il faut distinguer deux espèces :

1° Pour une première désobéissance (*first case of non compliance*). Si le délinquant fait défaut ou ne peut prouver à la cour qu'il a mis tout en œuvre pour se conformer à son ordonnance, il est condamné à l'amende de 5 shillings (fr. 6.25) frais compris ([1]).

Mais s'il prouve que des efforts sérieux sont restés sans résultat sur la conduite de l'enfant, la cour en l'acquittant ordonne que ce dernier soit envoyé dans une école industrielle ;

2° En cas de récidive, la cour appréciera s'il y a lieu de condamner le parent à l'amende et d'envoyer l'enfant dans une école industrielle ; ces deux mesures pourront être prononcées cumulativement, et c'est au juge que le législateur s'en remet absolument pour l'appréciation de la conduite de l'inculpé, sans plus le lier dans les termes stricts du premier cas. Le juge fixe également dans la limite de 5 shillings (fr. 6.25) par

---

([1]) *Reasonable efforts.* En cause de *Hewett* contre *Thompson* (XL. Law Times, 218), les juges de paix avaient acquitté un père qui leur prouvait qu'il avait usé de tous les moyens, sauf de conduire lui-même son gamin à l'école. La Haute Cour réforma cette sentance et condamna le père comme n'ayant pas épuisé tous les moyens possibles d'amener l'enfant à fréquenter l'école.

semaine la somme pour laquelle le parent sera tenu de contribuer à l'entretien de son enfant pendant son séjour dans l'école industrielle (¹).

La plainte de l'autorité scolaire ne pourra se reproduire qu'à intervalles d'au moins quinze jours.

§ II. — Contrainte indirecte.

I. LA LÉGISLATION OUVRIÈRE.

En tant qu'elle est en rapport avec l'Instruction publique, cette législation se compose de deux groupes de dispositions : d'abord de quelques articles extraits de l'*Education Act*, de 1876, et ensuite d'une foule de dispositions extraites de l'ensemble de la législation du travail en Angleterre.

A. *Loi de* 1876. (*Art.* 5, 6, 9 *et* 47.)

Seront punis d'une amende qui ne pourra excéder 40 shillings (fr. 50) les parents qui, hormis le cas de nécessité, auront employé, et toutes personnes qui auront pris à leur service un enfant âgé de moins de onze ans (²), ou un enfant de plus de onze ans qui n'a pas encore obtenu un diplôme de satisfaction (*proficiency*) ou de fréquentation régulière (*due attendance*) dans une école reconnue. (*Certified efficient school*) (³).

(¹) *Industrial schools act*, 1866.
(²) Avant 1891, la limite était 10 ans. Dans les mines elle est de 12 ans. Loi de 1887.
(³) Le degré d'instruction et le nombre de présences requis

Toutefois le prévenu sera acquitté, s'il prouve qu'il n'emploie cet enfant de plus de onze ans et non diplômé, qu'en se conformant aux *bye-laws* du district et aux autres dispositions qui lui assurent le moyen de se procurer l'instruction nécessaire en dehors des heures que la loi permet de consacrer au travail industriel. C'est le cas, par exemple, pour les districts ruraux où les enfants peuvent être employés dès l'âge de huit ans pour les travaux agricoles légers pendant les six semaines que dure la moisson (¹).

Les infractions à cette loi sont poursuivies par l'autorité scolaire conjointement avec les inspecteurs de la surveillance des Mines, Usines et Manufactures, dans la sphère de leurs attributions respectives. La procédure est sommaire ; tout inspecteur peut se faire délivrer par un juge de paix l'autorisation de pénétrer, dans les quarante-huit heures suivantes, dans tout local où il suppose que la loi est violée. Il peut également ordonner aux *registrars* de lui remettre les extraits de naissance des enfants, et aux instituteurs, de lui donner des certificats de non-fréquentation de l'école par les élèves qui devraient s'y trouver. Tout refus d'obtempérer à ces réquisitions serait puni d'une amende n'excédant pas £20 (500fr.)

Les déclarations des inspecteurs dans leurs procès-verbaux font foi (*shall be evidence*) et il incombe au prévenu d'en faire la preuve contraire.

pour obtenir ces diplômes sont déterminés soit par la loi dans le Code d'éducation, soit par les *bye-laws* de l'autorité scolaire.

(¹) *Voir* aussi B. *Lois ouvrières proprement dites*, p. 93.

B. *Lois ouvrières proprement dites.*

Il serait impossible d'entrer ici dans l'examen détaillé des articles qui concernent notre sujet, mais qui sont épars dans le vaste ensemble de cette législation du travail. Tout ce que nous pouvons faire, c'est de donner un bref exposé des principes qui l'inspirent.

Aucun enfant ne peut être employé dans l'industrie avant l'âge de onze ans accomplis, ni dans les mines avant l'âge de douze ans révolus.

Entre cet âge et celui de quatorze ans, il ne peut être employé qu'un certain nombre d'heures par semaine, de façon à lui laisser le loisir de fréquenter l'école entre huit heures du matin et six heures du soir, à un autre moment qu'en temps de chômage de l'atelier où il travaille ; — à moins qu'il ne produise un certificat émané d'instituteurs, constatant qu'il a, entre les âges de cinq et quatorze ans, fourni dans l'espace de cinq années (qui ne doivent pas nécessairement être consécutives) 250 présences (¹) dans une école reconnue ; — ou bien qu'il soit porteur d'un diplôme d'instruction primaire du IVe degré. (*fourth standard.*)

Si l'école n'est pas gratuite, ses directeurs pourront saisir le prix de la rétribution scolaire à concurrence de 3 *pence* (30 centimes), par semaine et d'un maximum égal au douzième du salaire de l'enfant, entre

---

(¹) Ces 250 présences peuvent avoir été fournies dans diverses écoles, mais pas dans plus de deux différentes par année scolaire.

les mains du patron, qui devra la payer, mais la retiendra ensuite sur le salaire de son ouvrier.

C'est à la suite du vote de ces lois sur la limitation du travail des enfants en âge d'école qu'on a vu se développer dans des proportions considérables la catégorie des élèves appelés *half-timers* ou élèves de demi temps.

Ce sont les élèves âgés de onze à quatorze ans, déjà employés aux travaux industriels ou agricoles, mais qui viennent encore en classe, en y conformant leur fréquentation aux *bye-laws* et aux prescriptions de la loi générale.

Leurs présences, écourtées dans les limites légales, se comptent à peu près comme des présences entières pour le calcul du subside auquel l'école a droit et pour le nombre de présences que l'enfant doit avoir fournies avant de pouvoir demander un diplôme d'exemption totale de fréquentation scolaire (¹).

II. L'ASSISTANCE PUBLIQUE.

L'article 40 de la loi de 1876 prescrit que les *Guardians* de l'Union peuvent refuser l'assistance à domicile (*outdoor relief*) aux indigents dont les enfants ne se conforment pas aux dispositions légales sur l'instruction obligatoire, à moins qu'ils n'aient obtenu un

---

(¹) Ordonnance-circulaire, 271. 7 avril 1887 et 14 avril 1885.
Des lois de 1877 et 1884 organisent un régime analogue pour l'instruction obligatoire des enfants dont les parents sont bateliers sur les canaux intérieurs du pays. *Canal Boats Acts.*

diplôme d'instruction primaire du troisième degré, *third standard*.

Le *Board of Guardians* peut payer la rétribution scolaire des indigents à concurrence de 3 *pence* (30 centimes) par semaine; mais le Département d'Éducation recommande que le paiement se fasse directement par les *Guardians* aux directeurs de l'école que les parents désigneront, plutôt que de passer par les mains des élèves ou des parents (¹).

Les *Guardians* peuvent aussi payer le minerval d'enfants dont les parents ne seraient pas des indigents proprement dits (*paupers*), mais seraient seulement pauvres (*poor*) et empêchés de le payer pour quelque motif légitime. Ce paiement peut selon la décision du *Board of Guardians* affecter la forme d'une aumône ou simplement celle d'un prêt (²).

Ces dispositions ont beaucoup perdu de leur impor-

(¹) Les *Guardians* de l'Union de Darlington ayant adopté le mode de paiement suggéré par le ministère, leur pratique fut incriminée, sous prétexte qu'elle était humiliante pour les enfants pauvres.

Le juge Blackburn débouta le demandeur, qui en appela à la Haute Cour, où le chef justicier, Lord Cockburn, lui répondit :

« La loi n'a voulu qu'une chose, c'est que la rétribution soit
» payée; or, elle l'a été, et de façon bien plus prudente que si
» l'argent en avait été confié aux parents. Du reste, il ne
» me paraît pas si injuste que des enfants, connus pour être
» des indigents en dehors de l'école, restent tels dans l'école
» comme partout ailleurs. » XXXII. Law Times. N. S. 320.

(²) Ordonnances du *Local Government Board*. 22 mars 1877. 4 juin *Id*. 7 octobre 1879. 5 septembre 1877. 9 janvier 1878.

tance depuis le vote de la loi de 1891 sur l'instruction gratuite.

Ce serait le moment d'aborder l'examen de la loi sur la gratuité de l'instruction, puisqu'il en est ordinairement parlé comme d'un corollaire de l'instruction obligatoire. Nous préférons cependant remettre cette étude de quelques pages, en considérant qu'elle se rattache plus naturellement en Angleterre à la question des subsides du Gouvernement.

CHAPITRE V

Les écoles libres. — *Voluntary Schools.*

§ I. — Trois genres d'écoles libres.

Il y a actuellement en Angleterre, en face de l'école officielle du *School board*, trois espèces d'écoles libres.

La première jouit dans toute sa plénitude de la liberté d'enseignement. Ignorée du Gouvernement, elle n'en réclame aucun appui, mais n'en tolérerait aucun contrôle. Sa liberté est absolue ; aucune loi constitutionnelle ne la lui garantit, mais elle trouve dans les mœurs de la nation anglaise une sauvegarde bien plus efficace.

En second lieu nous rencontrons l'école élémentaire publique. C'est une école libre qui se crée un droit aux subsides de l'État en se conformant aux conditions requises par la loi et le code, et notamment en acceptant la clause de conscience et l'inspection par les fonctionnaires de l'État.

Nous voyons enfin l'école libre simplement reconnue, *certified efficient school*. Elle ne réclame pas de subsides afin de ne pas devoir se soumettre à des conditions qu'elle ne peut accepter ; mais elle est aménagée de telle façon et donne tel enseignement dont le programme laïc peut satisfaire le Gouvernement. Elle obtient alors une espèce de diplôme de capacité, *certificate of efficiency*.

Ces trois espèces d'écoles libres peuvent avoir à leur tête toute personne ou corporation que voudront y placer les fondateurs ou les souscripteurs. Il est seulement requis par la loi, pour les deux espèces d'écoles que le Gouvernement peut être appelé à reconnaître officiellement, qu'elles ne soient pas exploitées, c'est-à-dire dirigées pour le profit personnel de leurs administrateurs ou fondateurs.

Cette clause a directement exclu de toute existence légale et réduit à mourir de misère ces petites écoles qui avaient fait la honte de l'Angleterre pendant un demi-siècle. Elles portaient des noms divers : *dame schools, adventure schools, farmed schools*; mais elles avaient toutes un trait commun : la rapacité de l'instituteur y était à la hauteur de son incapacité.

L'idéal du genre était la petite école tenue à domicile par l'instituteur dans la plus misérable place d'un pauvre *cottage*, ou encore l'école affermée que lui louaient des *managers* capitalistes et que le malheureux instituteur devait exploiter de façon à y retrouver non seulement le prix du loyer, mais aussi de quoi vivre ! On avait vu ainsi dans les districts industriels des mineurs quitter le charbonnage et s'improviser instituteurs, afin d'ajouter quelques *pence* au salaire quotidien. Ailleurs c'étaient de vieux ouvriers estropiés ou des vieilles filles acariâtres qui se chargeaient de l'instruction primaire, sans en posséder toujours eux-mêmes les premières notions.

La loi de 1870 y mit bon ordre, complétant ainsi l'œuvre de la loi de 1869 qui venait d'achever la répression des abus dans l'administration des fondations.

Nous ne pourrions entrer ici dans ce vaste sujet qui nous entraînerait à travers tout le droit civil anglais, mais nous devons cependant dire un mot des fondations scolaires (*endowments*).

§ II. — Les fondations.

Elles sont de deux espèces.

Les grandes fondations, par le fait qu'elles sont riches et se passent facilement de subsides du Gouvernement, restent ignorées par la loi scolaire. Elles sont régies par un droit spécial (*law of trusts*) très compliqué et basé sur deux principes essentiels : la fondation s'administre librement aux vœux du fondateur; si les fidéi-commissaires viennent à mourir sans que l'acte de fondation pourvoie à leur remplacement, le soin d'en nommer de nouveaux incombera à la juridiction spéciale des *charity commissioners* du Gouvernement. C'est à eux qu'on peut en appeler également au cas où les fidéi-commissaires géreraient la fondation contrairement aux vœux du fondateur.

Quant aux petites fondations (*small endowments*), qui n'excèdent pas un revenu annuel de £ 100 (fr. 2,500), la loi les a organisées plus spécialement en vue de l'instruction primaire publique parce que toutes avaient recours aux subsides du Parlement.

D'après les lois appelées *School sites Acts,* 1841-1851, toute personne, individuelle ou corporative, peut donner, vendre ou louer un terrain dont la surface n'excède pas un *acre* (¹) dans la même paroisse, « dans le but de procurer l'instruction aux pauvres » dans la religion et les connaissances utiles. »

Ce don peut se faire par tout propriétaire, usufruitier et nu-propriétaire. Mais l'usufruitier ne peut disposer du terrain que pendant la durée de son droit, et le nu-propriétaire ne le peut que du consentement de l'usufruitier et de celui qui lui succédera, s'il y a lieu.

Ces actes jouissent de certaines facilités spéciales et de certaines exemptions fiscales. De plus le fondateur peut librement déterminer le régime de l'œuvre et ses bénéficiaires, car la loi permet de donner aux fondations un caractère strictement confessionnel.

Jusqu'en 1871, les administrateurs de la fondation pouvaient demander au Parlement un subside pour ériger une école sur ce terrain, *building grant,* à condition de soumettre au Département d'Education un programme d'enseignement dont il pût approuver la partie laïque, indépendamment de tous les principes confessionnels qu'il pouvait comprendre.

Ce sont principalement ces petites fondations qu'une loi de 1869 avait en vue de ramener à leur véritable destination, dont les avaient détournées des

---

(¹) C'est-à-dire deux cinquièmes d'hectare.

administrateurs peu scrupuleux, lorsqu'elle « auto-
» risa divers changements dans la direction, l'admi-
» nistration et le régime des études dans les écoles
» ainsi fondées, de même que dans l'application de la
» fondation scolaire, en vue d'obtenir une plus
» grande efficacité de ces écoles, et de donner leur
» plein effet aux intentions réelles des fondateurs en
» mettant une libérale éducation à la portée des en-
» fants de tous les rangs de la société ([1]). »

Aujourd'hui, le *building grant* a disparu. Toute école peut être librement fondée, mais il faut qu'elle se soumette aux conditions de l'école primaire *publique*, si elle veut obtenir un subside annuel du Parlement.

L'*Act* de 1870, par son article 21, a étendu aux *managers* des écoles libres et aux personnes qui se proposent d'en construire, une partie des facilités que l'article 20 donnait aux *School boards*, sauf naturellement le droit d'expropriation forcée. Ces personnes ne peuvent d'ailleurs pas acquérir en leur propre nom, mais seulement en fidéicommis (*upon trust*). Elles peuvent aussi emprunter et la loi leur accorde les mêmes facilités de remboursement qu'elle donne au *School board*.

§ III. — Le Transfert.

Il devait arriver fréquemment que des directeurs d'écoles libres, vaincus par la concurrence des écoles

---

([1]) OWEN. *The Education Acts Manual*, p. 195.

officielles, désireraient se décharger de leurs écoles et les remettre aux soins du *board*. C'est ce qu'a prévu l'article 23 de la loi de 1870, en leur donnant la faculté de transférer leurs écoles à l'administration scolaire du district dans les conditions suivantes :

La convention du transfert respectera les termes dans lesquels la fondation a été établie ;

Il faut que s'il y a encore des souscripteurs à l'école, leur approbation soit dûment demandée par une convocation à passer l'acte, et qu'ensuite les deux tiers au moins de ces personnes y consentent ;

Il faut que ce transfert n'entraîne pour le *board* aucune obligation d'enseigner la religion dans l'école transférée, et en aucun cas il ne lui serait permis d'y enseigner autre chose que la religion neutre (*undenominational*), autorisée pour les écoles officielles.

Pour le reste, ce transfert peut affecter toutes formes que les parties choisiront : vente, louage, fidéicommission, etc. Le *School board* acquitte ensuite les dettes qui pèsent sur l'école transférée, à concurrence de la valeur de l'établissement qu'il acquiert.

Quant aux revenus de la fondation, ils doivent continuer à lui être appliqués, indépendamment des autres écoles du *board*. S'il y en a qui sont spécialement affectés à l'enseignement religieux, ils deviennent disponibles par le fait du transfert. Cependant le *board* ne peut pas les consacrer à d'autres écoles ; il doit les distribuer dans l'école transférée, sous forme de bourses d'études ou de prix spéciaux.

Plus tard, moyennant cette même majorité des deux tiers des membres présents en séance spécialement convoquée pour cet objet, le *board* peut voter le retour de l'école à une administration privée dont les membres seront désignés en vertu de l'acte de la fondation, ou nommés par les *charity commissioners*. Il faut en ce cas rétablir l'œuvre dans son intégralité primitive, spécialement au point de vue religieux; mais elle reste grevée du remboursement de tout emprunt que le *board* aurait pu faire spécialement en vue de cette école pendant qu'il l'administrait.

Ce transfert et ce retour doivent toujours être approuvés par le Département d'Éducation et pour certaines fondations par le Secrétaire d'État du Département de l'Intérieur.

CHAPITRE VI

Les sources de revenu des Écoles Primaires Publiques.

§ I. — Fondations et souscriptions.

Nous venons de toucher légèrement à cette vaste question des fondations charitables. Elles constituent la moins générale des ressources scolaires, bien qu'on les rencontre plus fréquemment en Angleterre que sur le continent où le droit civil français est particulièrement défavorable à leur existence. Tout naturellement elles ont pour objet des écoles libres, plutôt que des écoles officielles, mais le *School board* peut cependant en accepter à condition de les soumettre au point de vue de la religion à toutes les restrictions de la loi.

Après les fondations, viennent les souscriptions (*voluntary contributions*) très abondantes au budget des écoles libres et insignifiantes dans celui des *School boards*.

§ II. — La taxe locale.

Si les écoles officielles rencontrent peu de faveur auprès de la générosité des citoyens, elles ont à leur disposition une arme qui doit amplement les en dédommager, et à vrai dire, le *School board* ne se fait pas faute d'en user. Tout déficit dans les fonds scolaires, dit l'article 54 de la loi de 1870, pourra être comblé par telle somme que le *board* exigera du trésorier des autorités fiscales du district (*rating authority*). Celui-ci est obligé de payer sans protestations, quitte à rétablir l'équilibre dans son propre budget en élevant proportionnellement le chiffre de l'impôt payé par les contribuables pour les dépenses locales.

Si l'autorité fiscale refuse son concours, le *board* s'en passera. Il lui suffit en ce cas de nommer un commissaire spécial qui se trouve investi de tous les pouvoirs de l'autorité fiscale.

L'augmentation de taxe nécessitée par les réquisitions du *board* est affranchie par la Loi de 1870 de toutes les limites que d'autres lois pourraient apporter aux pouvoirs de l'autorité fiscale. Mais, naturellement, la somme ainsi requise ne peut être exigée que si le chiffre s'en trouve approuvé par le Département d'Éducation. Ceci se réduit d'ailleurs à une simple formalité.

Les dépenses du *School attendance committee* sont couvertes par le *Board of Guardians* qui l'a nommé et les a sanctionnées de son approbation. Il y pourvoit à son tour en réclamant la somme nécessaire aux administrateurs de la taxe des pauvres (*overseers*) de chaque paroisse de l'union dans la proportion réglée pour chacune d'elles d'après sa valeur imposable. Il en est à peu près de même lorsque le *School attendance committee* a été nommé par le conseil municipal d'un bourg. Cette administration doit également mettre au service de l'Instruction publique le pouvoir de taxation que lui reconnaît la loi.

La différence fondamentale qui distingue, au point de vue financier, le *School attendance committee* du *School board,* c'est l'autonomie dont jouit ce dernier et l'autorité très réelle qu'il possède sur les administrations locales, tandis que le *Committee* qui en émane leur est absolument soumis.

§ III. — Les Subsides Parlementaires.

La loi proprement dite est très brève à leur égard. Elle se contente d'en poser le principe avec la limite maximum, abandonnant entièrement leur organisation aux soins du Département d'Éducation.

Celui-ci s'est acquitté de cette mission dans son Code annuel. Il y règle les multiples conditions du subside ainsi que ses chiffres variables dans les plus petits détails. Aussi croyons-nous bien faire en détachant cette matière du présent chapitre afin de l'examiner séparément.

CHAPITRE VII

Les subsides du Gouvernement. — *Parliamentary Grant.*

§ I. — Historique.

On se rappelle que les premiers subsides accordés en 1833 n'étaient destinés qu'à favoriser la création de nouvelles écoles libres (*building grants*). A mesure que le chiffre du subside parlementaire annuel augmenta, une partie de plus en plus considérable en fut consacrée à l'entretien des écoles (*maintenance*) et répartie entre elles, d'abord par les soins des deux grandes sociétés d'Éducation, la *National Society* et la *British and Foreign Society*, puis par le Ministère d'Éducation lui-même. En 1853, sir James Kay Shuttleworth avait adopté le principe de la capitation comme base de répartition des subsides, favorisant ainsi de scandaleuses rivalités entre instituteurs. Enfin, en 1862, M. Robert Lowe y substitua le principe du *payment by results*, qui n'était guère plus heureux; car il fut la cause d'un surmenage effrayant (*overpressure*), et suscita les plus violentes protestations de toutes parts.

Ce dernier mode de répartition resta cependant en vigueur sous le nouveau régime de la loi de 1870, jusqu'à ce qu'il fût modifié tout récemment en 1890, par les réformes éclairées de sir William Hart-Dyke, le vice-président du Comité d'Éducation sous le ministère de lord Salisbury. Cette œuvre se poursuit avec un dévouement et une intelligence remarquables par son successeur, M. Arthur H. Dyke Acland, le vice-président qui entra au pouvoir avec le cabinet Gladstone en 1892 et le dirige encore actuellement.

Accroissements du subside parlementaire :

1833 . .	500.000 fr.	1865 . .	15.900.000 fr.
1839 . .	750.000	1870 . .	22.600.000
1841 . .	1.000.000	1880 . .	62.450.000
1846 . .	2.500.000	1890 . .	91.975.000
1855 . .	10.000.000	1893 . .	94.580.925
1860 . .	20.000.000		

Depuis 1833 jusqu'en 1846, 3,200 écoles furent érigées au moyen de subsides extraordinaires de près de 25 millions de francs.

De 1839 à 1860, les subsides du Gouvernement s'élevèrent à une somme totale de 110 millions de francs, dont environ 26 millions furent affectés à la construction des bâtiments d'écoles (*building grant*) (¹).

Le *building grant* fut aboli à partir de l'année 1871, et il ne reste plus que le subside pour l'entretien des écoles, *maintenance grant*.

(¹) THOMAS MOORE. *The Education Brief.*
Nous regrettons de n'avoir pu trouver une statistique complète et détaillée du *building grant*, de 1833 à 1870.

§ II. — Les conditions du subside parlementaire.

Reprenant et complétant les principes de la loi, le nouveau Code d'Éducation, dans ses articles 76 à 94, énumère les conditions générales qu'il met à l'allocation des subsides du Gouvernement pour l'entretien des écoles primaires ([1]).

Ce sont les suivantes :

1. L'école doit être une école *élémentaire publique*.
2. Aucun enfant ne doit en être exclu ou repoussé que pour des motifs plausibles ([2]).
3. L'horaire de l'école (*time table*) doit être conforme à la loi et avoir reçu le visa approbatif d'un inspecteur.
4. L'école doit ne pas être inutile (*unnecessary*) ([3]).
5. L'école ne peut pas être exploitée dans un but de lucre, ni affermée par l'instituteur moyennant une redevance aux *managers*.
6. L'instituteur principal doit être diplômé (*certificated*).
7. L'école doit tenir au moins 400 séances par an, sauf le cas d'empêchement de force majeure ([4]).

([1]) *Parliamentary Grant for the maintenance of public elementary schools.*

([2]) Ces motifs n'ont jamais été déterminés officiellement, et il est d'usage pour les directeurs d'école de conférer directement avec le ministère chaque fois que le cas se présente de devoir refuser un élève.

Les convictions religieuses, l'indigence ou le manque d'éducation n'ont jamais pu motiver un refus; par contre la mauvaise conduite, l'insubordination ou le manque d'assiduité obstiné ont légitimé plusieurs refus.

([3]) C'est malheureusement à l'appréciation du *School board* que le Département d'Éducation s'en remet quant à ce point.

([4]) Par exemple, en temps d'épidémie, ou si le local scolaire a été plusieurs fois réservé pour des opérations électorales.

8. Elle doit avoir été visitée au moins une fois pendant l'année par un inspecteur du Gouvernement.

9. L'école doit s'être conformée à certaines règles dont l'observation est spécialement requise par le Département :

a) Il faut que les bâtiments répondent à toutes les conditions d'hygiène voulues, et notamment qu'il y ait autant que possible des installations sanitaires, des lavoirs et des vestiaires séparés pour les deux sexes, qu'il en soit de même des classes, si possible, qu'il y ait une cour de récréation d'une dimension suffisante et qu'en tout cas, chaque enfant jouisse dans l'intérieur des locaux d'un espace d'au moins 80 pieds cubes d'air et 8 pieds carrés de surface ([1]);

b) Il faut un cours de dessin pour les garçons et de couture pour les filles;

c) les bébés de l'école gardienne ne peuvent y être admis que pour autant que leur présence ne gêne en rien l'instruction des enfants plus âgés;

d) Il faut que tous les livres de comptes et les rapports des Instituteurs et de la direction soient tenus soigneusement;

e) enfin, l'instituteur principal ne peut exercer aucune fonction qui serait de nature à l'empêcher de s'acquitter scrupuleusement de sa mission scolaire, et en particulier aucune fonction qui requerrait sa présence en dehors de l'école pendant les heures de classe.

10. L'école doit être efficace (*efficient*), et sa capacité sera présumée, à moins que l'inspecteur n'avise le Département de lui retirer les subsides.

11. Sa direction doit avoir fourni tous les rapports demandés par l'administration centrale et l'inspection.

12. Elle doit s'être conformée aux avis des officiers de santé, ordonnant la fermeture de l'école en temps d'épidémie; mais elle peut en appeler au Département après avoir exécuté l'ordre.

13. Toutes les autorités scolaires, officielles et libres, sont tenues de donner à leurs comptes la publicité requise par la loi,

---

([1]) Toutes ces conditions, très détaillées, font l'objet des *Building Rules*, règles de construction, énumérées dans la cédule VII du Code.

et de plus les *School boards* doivent en tout temps mettre leurs registres à la disposition des contribuables.

14. Il faut enfin que tous les revenus de l'école soient consacrés exclusivement à l'instruction primaire (¹) et que jamais aucune partie des subsides du Gouvernement ne soit affectée à l'instruction religieuse.

La caractéristique de ce régime, c'est que l'école qui remplit ces conditions a par le fait même un *droit acquis* aux subsides ; mais il faut qu'elle manifeste le désir d'en profiter. En tout cas, c'est au Département d'Éducation qu'il appartient de juger si ces conditions ont été convenablement remplies ; sa décision est sans appel. Le subside se paie à l'expiration de l'année scolaire, en totalité, par un seul versement.

Si l'une ou l'autre de ces conditions vient à n'être pas observée dans l'école, le Département, suivant l'avis de l'inspecteur, l'exclut de la liste des écoles inspectées par le Gouvernement et lui retire la totalité du subside. Suivant une pratique nouvelle et généralement très satisfaisante, il se contente de lui retirer seulement une partie du subside et l'avertit, en l'informant du motif, qu'il lui sera retiré totalement l'année suivante, s'il n'est immédiatement fait droit par la direction aux réclamations de l'inspecteur.

Lorsqu'une école subsidiée a été fermée au cours

(¹) Le terme *instruction primaire* comprend ici les traitements d'instituteurs, l'achat de fournitures classiques et l'entretien de l'école, à l'exclusion des dépenses occasionnées par les réparations extraordinaires, les fêtes scolaires, les classes dominicales, les distributions de prix en argent, etc.

de l'année scolaire, on ne lui paie pas le subside au *pro rata* du nombre de jours qu'elle est restée ouverte, mais on lui donne seulement une somme suffisante pour qu'elle puisse payer les dettes dont elle était grevée au jour de sa fermeture.

§ III. — Les diverses espèces de subsides. — Leur incidence et leur import.

A. *Dans les Écoles gardiennes.*

Bien que la loi semble ignorer l'existence des écoles gardiennes, le Code d'Éducation autorise les *managers* d'écoles primaires à ouvrir dans leurs locaux une ou plusieurs classes gardiennes pour les enfants de trois à sept ans ; mais il faut, comme nous l'avons vu, que cela ne gêne en rien l'instruction des enfants de l'école primaire [1]. De plus, si le nombre des élèves de la classe gardienne dépasse cinquante, l'institutrice qui est chargée de les surveiller doit être diplômée ; s'il y en a plus de trente, elle doit avoir au moins dix-huit ans.

L'ameublement de l'école doit être proportionné à l'âge des enfants et leur instruction ne doit comprendre que les matières obligatoires du premier degré de l'instruction primaire, c'est-à-dire, les rudiments de la lecture, de l'écriture et du calcul, *first standard*.

---

[1] La classe gardienne doit toujours se tenir dans une salle séparée.

Au jour de l'inspection, tous les élèves inscrits doivent être présents, sauf le cas de maladie ou d'un empêchement de force majeure, et chacun d'eux peut être interrogé par l'inspecteur.

Au point de vue de l'enseignement religieux, l'école est d'ailleurs soumise aux mêmes règles que l'école primaire publique.

Ces conditions étant remplies, l'école a droit à un subside fixe de 9 sh. (fr. 11.25) ou 7 sh. (fr. 8.75) par élève, suivant que le rapport de l'inspecteur au Département sera plus ou moins favorable.

Le nombre d'élèves par lequel on multiplie ce chiffre pour calculer le subside total est celui des élèves qui ont habituellement fréquenté l'école ([1]).

L'école peut encore obtenir un subside de 2 sh. (fr. 2.50) par branche d'enseignement primaire choisie dans le programme facultatif du premier degré, comprenant les éléments des sciences naturelles. Ce subside ne peut excéder 6 sh. (fr. 7.50) par enfant, et il ne sera payé que si l'inspecteur se déclare satisfait de la façon dont cet enseignement est donné.

Un troisième subside de 1 sh. (fr. 1.25) par enfant est accordé pour l'enseignement de la couture aux petites filles et du dessin aux petits garçons, et un subside de 1 sh. par enfant se paie pour l'enseignement de la lecture musicale (*singing by note*). Si on ne leur apprend à chanter que ce qu'ils entendent, sans leur enseigner la notation (*singing by ear*), le

---

([1]) Voir *average attendance*, au *litt. B.* Subsides aux écoles primaires.

subside de ce chef ne sera que de 6 *pence* (60 cent.) par enfant; toujours à condition que l'inspecteur se déclare satisfait de la façon dont cet enseignement est donné.

Le maximum du subside que peut obtenir une classe gardienne est donc de 17 sh. (fr. 21.25) par enfant et le minimum 7 sh. (fr. 8.75).

B. *Dans les Écoles primaires de jour* (¹).

Le subside du Gouvernement aux écoles primaires proprement dites est de deux espèces.

Le premier est un subside à taux fixe (*fixed grant*). Le législateur détermine parfois un taux uniforme, parfois deux taux hiérarchisés, l'un le taux inférieur, l'autre le taux supérieur. Les inspecteurs ne peuvent pas, à moins de supprimer tout subside, proposer un chiffre moins élevé que celui du taux inférieur. D'autre part, s'ils veulent dépasser ce taux, ils ne peuvent s'arrêter qu'à un seul chiffre, à celui du taux supérieur.

L'autre subside est un subside variable entre un maximum et un minimum fixés par la loi, et le montant s'en détermine de commun accord par l'inspection et le Ministère. Cette dernière subvention peut se supprimer sur un simple rapport de l'inspecteur après un examen défavorable à l'école. Nous indiquerons au fur et à mesure que nous les rencontrerons

---

(¹) *Voir* plus loin quelques notes sur les *écoles du soir*.

quels sont dans l'ensemble des subsides les postes fixes et les postes variables.

A un autre point de vue, les subsides se divisent en principal et accessoires.

Le subside principal se calcule invariablement d'après le chiffre moyen des présences quotidiennes fournies par les élèves pendant le cours de l'année scolaire (*average attendance*); tandis que les subsides accessoires se calculent ordinairement d'après le nombre d'élèves qui se présentent et satisfont à l'examen que leur fait passer l'inspecteur sur la branche spéciale d'enseignement à laquelle est affectée un subside particulier.

Cette moyenne des présences quotidiennes se calcule en divisant par le nombre de classes que l'école a tenues chaque jour, le total des présences fournies par les enfants qui y ont assisté.

Une présence signifie que l'enfant a assisté à un cours du programme laïc de l'école, pendant une heure et demie dans les classes gardiennes, ou pendant deux heures dans les classes primaires; il en est pris note au fur et à mesure que les enfants entrent en classe, et le registre à ce destiné doit être clôturé au moment où il ne doit plus s'écouler avant la fin de la classe que le minimum de temps nécessaire pour former une présence. Tout élève qui ne passe pas dans l'école ce temps requis est rayé du registre des présences, mais seulement pour la séance à laquelle il n'a pas assisté en entier ce jour-là. Ainsi, une école s'ouvrant de neuf heures à midi et de une heure à quatre, les élèves devront y arriver au plus tard le matin à dix heures et l'après-midi à deux heures ; tandis que les bébés de la classe gardienne pourront y arriver une demi-heure plus tard.

Le pointage des arrivants est confié à l'instituteur diplômé qui a la direction de la classe; son registre est contrôlé d'abord par les *managers,* qui doivent le contresigner au moins une fois par trimestre, et ensuite, par l'inspecteur, chaque fois qu'il visite l'école. En fait, il se passe rarement une semaine sans que l'un des *managers* inspecte toutes les classes d'une école. L'instituteur qui serait convaincu de fraude dans son pointage, serait immédiatement suspendu ou révoqué par le Département d'Éducation. Mais il est rare que de pareils cas se présentent. Un membre du *school board* de Londres nous a dit que depuis neuf ans qu'il occupait ces fonctions, quatre instituteurs seulement avaient dû être révoqués pour ce motif.

Quant aux élèves de demi temps (*half timers*), ils ne doivent assister à l'école qu'un jour sur deux. Mais, lorsqu'ils y viennent, c'est aux mêmes termes que les autres. Il leur faut une assistance d'au moins deux heures consécutives pour qu'ils puissent obtenir une présence. Seulement, cette présence leur est comptée comme valant une présence et demie, tant au point de vue du compte du subside, qu'au point de vue de leur certificat d'exemption, prévu par la loi sur le travail des enfants (¹).

(¹) Soit par exemple une école qui a ouvert ses classes pendant 200 jours de l'année, en comptant pour le reste les

Le principe de ce subside est un encouragement à la fréquentation régulière, bien plus qu'à l'inscription d'une population nombreuse sur les registres. Le Code n'admet pas que l'on compte parmi les présences moyennes celles qui sont fournies par des enfants âgés de moins de quatorze ans, mais qui ont déjà passé l'examen du septième et dernier degré de l'Instruction primaire. D'autre part, ne sont pas comptées non plus les présences des enfants de moins de trois ans, parce qu'une école gardienne ne doit pas devenir une crèche, ni celles des enfants de plus de quatorze ans, dont la place est dans les établissements d'instruction secondaire ou à l'atelier.

Examinons le détail des subsides.

1° Le subside fondamental est une somme de 12 ½ ou 14 sh. (fr. 15.60 ou fr. 17.50) attribuée pour chaque unité de la moyenne des présences quotidiennes des enfants. Ce subside est calculé d'après l'un ou l'autre des deux taux fixes adoptés, suivant que l'inspecteur est ou non satisfait de l'école. Il ne peut être supprimé que si tout subside est enlevé à

vacances et deux jours de congé par semaine, le samedi et le dimanche, ou le jeudi et le dimanche. Cela lui donnera 400 réunions. Il y a 236 enfants inscrits au registre général; cela devrait lui donner un chiffre de présences absolues de 94.400 par an. Or, les enfants n'ont fourni d'après le total des relevés de chaque jour que 56.000 présences au sens de la loi. Ce chiffre divisé par les 400 réunions qu'a tenues l'école, donne une présence légale, quotidienne et moyenne, de 140 enfants. Ce sera ce nombre 140 qui sera pris pour base du subside principal que nous allons examiner.

l'école, pour avoir manqué aux conditions essentielles de l'école primaire publique. Mais avant de le retirer lorsque l'école est peu satisfaisante, on lui donne un avertissement, et celui-ci est bientôt suivi de la suppression de tout subside, s'il n'est pas fait droit aux réclamations que l'inspecteur a transmises au Département à propos de l'inefficacité de l'école. L'appréciation de l'inspecteur ne doit porter que sur l'instruction et la formation des élèves en général, au lieu d'avoir pour objet, comme précédemment, l'examen individuel des enfants;

2° Le subside qui se donne pour la bonne organisation et pour l'observation de la discipline dans l'école, est également un subside fixe et irréductible dans les mêmes conditions que le précédent. Il est de 1 sh. ou 1 ½ sh. par élève (fr. 1.25 ou fr. 1.85), selon l'avis de l'inspecteur;

3° Le même subside se donne pour le chant, suivant qu'il est à vue ou d'oreille seulement, comme dans les écoles gardiennes (fr. 1.25 ou fr. 1.85). Pour les filles, il y a un subside spécial pour un bon cours de couture de 1 sh. (fr. 1.25) par élève;

4° Chaque école peut encore mériter un subside de 1 ou 2 sh. (fr. 1.25 ou fr. 2.50) par élève et par branche, en faisant subir et passer par ses élèves, que l'inspecteur peut choisir au hasard, un examen sur une des matières classiques du programme de l'école (*class subjects*) (1). Une école ne peut pré-

---

(1) *Class subjects.* Le programme du Code distingue en effet les matières *élémentaires :* écriture, lecture, calcul; les

senter plus de deux branches, et le même nombre de branches doit être présenté dans toutes les classes.

Les subsides précédents se calculent tous « par élève » c'est-à-dire, d'après *l'average attendance,* suivant le nombre des présences moyennes. Viennent ensuite les subsides qui ne se calculent plus sur la moyenne des présences, mais seulement d'après le nombre d'élèves qui se soumettent à un examen spécial et le passent. Ce sont :

5° Un subside de 2 ou 3 sh. (fr. 2.50 ou fr. 3.75) par matière *spécifique* prévue dans le programme de l'école, avec maximum de deux branches par élève.

6° Un subside de 4 sh. (fr. 5) par petite fille qui, après avoir passé l'examen du 4e degré d'instruction primaire, a fréquenté un cours d'art culinaire organisé comme suit : l'enfant doit avoir reçu 40 heures de classe pendant l'année (dont pas plus de 8 par semaine) dans un local où il n'y avait pas plus de 18 élèves et où chacune d'elles a pu cuisiner de ses propres mains pendant au moins 20 heures.

7° Un subside de même valeur (4 sh.) se donne pour les cours de laiterie.

8° Un subside de 2 sh. pour les cours de lingerie([1]),

---

matières *classiques :* anglais, français, sciences élémentaires, naturelles, etc; les matières *spécifiques :* algèbre, géométrie, trigonométrie, physique, tenue des livres, sténographie, etc. Les premières seules sont obligatoires; les autres sont facultatives.

([1]) Par le terme lingerie, nous traduisons *laundry*, qui comprend le lavage, le blanchissage et le repassage du linge.

dans les mêmes conditions que pour le cours d'art culinaire.

D'autres subsides enfin peuvent être accordés à l'école, à raison de circonstances spéciales, ou suivant l'importance de son personnel :

9° Quand une école subit une perte du chef de la fermeture à laquelle la condamnent les autorités médicales en temps d'épidémie, le Département peut lui octroyer un subside supplémentaire pour combler ce déficit.

10° Pour chaque élève-instituteur dont l'adjonction est requise pour compléter le corps enseignant, afin de se conformer aux prescriptions du Code, l'école reçoit un subside variant de une à cinq livres sterling (de 25 à 125 fr.), selon que l'élève-instituteur est plus ou moins avancé dans ses études et passe de très bons ou seulement de bons examens (*good or fair examination*).

Jusqu'au 31 mars 1895, le Département allouait encore un subside de £ 10 ou 15 (fr. 250 ou fr. 375) pour chaque instituteur-adjoint qui avait servi pendant trois ans dans l'école et qui avait passé un très bon ou un bon examen pour l'admission aux études normales supérieures ;

11° Dans un district scolaire dont la population n'atteint pas le chiffre de 300 habitants, et dans les localités d'une population de moins de 300 habitants, mais distantes de l'école de moins de deux milles, s'il n'y a pas d'autre école reconnue par le Gouvernement comme suffisante pour ce district ou cette population, le Département peut donner un subside de £ 10 pour une population de 200 à 300 personnes, et de £ 15 pour une population qui ne dépasse pas 200 âmes, afin de compenser la pénurie des ressources locales.

Si, dans les mêmes conditions, la population dépasse 300, mais n'atteint pas 500 habitants, le Département pourra allouer à l'école un subside de £ 10 supplémentaires. D'autre part, l'inspecteur doit constater que la rétribution scolaire est en rapport avec la condition sociale des élèves, que le corps enseignant est bien instruit et apte à remplir ses fonctions, et qu'il n'y a pas moins d'un instituteur diplômé par 40 élèves, d'un adjoint par 30 élèves et d'un élève-instituteur pour 20 enfants. Ce minimum de personnel est plus abaissé que celui que nous rencontrerons plus loin (¹).

Limite du subside.

Il y a des limites absolues et mathématiques, et une limite légale et variable aux subsides.

Les limites absolues et mathématiques fixent un maximum et un minimum. Le maximum est de 21 ½ sh. (fr. 27.10); il est formé par l'addition des plus hauts chiffres de chaque subside. Le minimum est de 16 sh. (fr. 20); il résulte de l'addition des chiffres les moins élevés pour une école qui n'encourt pas de réduction pénale. Évidemment, n'entrent pas en ligne de compte les subsides spéciaux que le

---

(¹) *Voir* Chapitre XII, § II. *Le Personnel scolaire.*

Département donne aux écoles des localités dont la population est pauvre et peu nombreuse.

C'est entre ces deux limites mathématiques qu'oscille, comme une variable, la limite légale. En règle, l'école ne peut recevoir que 17 $^1/_2$ sh. (fr. 21.80) par unité de présence moyenne. Mais ce subside peut, par exception, être dépassé si les revenus que l'école tire d'autres ressources (régulières) excèdent le total du chiffre obtenu grâce à l'octroi des 17 $^1/_2$ sh. Dans cette hypothèse, et vu les efforts de l'initiative privée, le subside peut s'élever au-dessus de 17 $^1/_2$ sh. (fr. 21.80), et varier entre ce chiffre et 21 $^1/_2$ sh. (fr. 27.10).

Réduction du subside.

Les subsides spécialement appelés « fixes » ne peuvent être individuellement modifiés que dans les termes que nous avons indiqués. Les autres parties du subside annuel peuvent être réduites de 10 sh. (fr. 12.50) par élève-unité de présence moyenne, en excès du nombre pour lequel le personnel enseignant de l'école est reconnu comme suffisant. Cette réduction n'aura pas lieu si l'excès ne s'est produit que pendant le cours de l'année scolaire écoulée.

Il nous resterait un mot à dire, avant de terminer ce chapitre, d'un subside nouveau créé par la loi de 1891; mais comme celui-ci ne dépend aucunement de l'appréciation des inspecteurs, nous croyons plus logique d'aborder immédiatement l'étude de l'Inspection scolaire anglaise, en réservant encore pendant quelques pages l'examen du *fee grant* de 1891.

CHAPITRE VIII

L'Inspection.

§ I. — Organisation administrative.

La Reine en Conseil Privé (*by an order of Her Majesty in Council*), et sur présentation du Président du Comité d'Éducation du Conseil Privé, nomme les divers fonctionnaires chargés de l'inspection de toutes les écoles subsidiées. Ces fonctionnaires sont au nombre de 331, comprenant : 1 inspecteur général, 11 inspecteurs principaux préposés à des divisions générales du Royaume, 103 inspecteurs, 53 sous-inspecteurs, 160 inspecteurs adjoints et 3 inspecteurs spéciaux, dont un pour la musique, et deux inspectrices pour la couture et la lingerie avec l'art culinaire.

Les 316 fonctionnaires directement préposés à l'inspection des écoles sont répartis en 99 districts d'inspection renfermant chacun plusieurs *School boards*, sauf à Londres, où le seul territoire du *School board* forme 12 districts d'inspection. Ils sont répartis d'après le chiffre de la population, à raison d'un inspecteur avec un ou deux suppléants par district jusqu'à 250,000 âmes de population, et de deux inspecteurs avec deux ou trois suppléants par district de plus de 250,000 âmes.

Ces inspecteurs transmettent aux inspecteurs principaux des rapports dont il est donné connaissance aux écoles et que ces fonctionnaires résument dans un rapport général au Département d'Éducation. Celui-ci les insère dans le Rapport sur l'Instruction publique qu'il présente chaque année aux deux Chambres du Parlement et à la Reine (¹).

Lorsque le Département place une école sur la liste des subsides, il lui assigne un mois de l'année, qui sera dorénavant considéré comme le dernier mois de son année scolaire, et formera l'exercice pendant lequel elle doit s'attendre à recevoir la visite de l'inspecteur. Quinze jours à l'avance de la date précise à laquelle aura lieu la visite pendant ce mois, avertissement est en outre donné à l'école.

Indépendamment de l'inspection annuelle dont le résultat sera le principal élément qui déterminera le taux du subside accordé, l'inspecteur a toujours le droit de faire à l'improviste, pendant tout le temps que l'école est ouverte aux élèves, une visite d'inspection. Elle ne sera naturellement pas aussi longue ni aussi approfondie que sa visite annuelle; mais ses résultats auront une assez large influence sur le taux du subside. Une circulaire récente du Département d'Éducation s'attache à montrer aux inspecteurs

---

(¹) *Report of the committee of the Privy Council on Education.* (*England and Wales*).

l'importance et le but de ces contrôles inattendus (¹). Au lieu de porter principalement son attention sur l'examen des élèves, l'inspecteur doit plutôt avoir alors pour but, dit la circulaire, de constater l'état général de l'école, la tenue des élèves en classe, la manière dont les cours sont donnés, l'assiduité des enfants, etc.

§ II. — La visite d'inspection annuelle.

Au jour de sa visite annuelle, l'inspecteur peut interroger tous les enfants qui sont présents, sans aucune distinction. Tous ceux qui sont inscrits au registre de l'école doivent y assister, à moins qu'ils ne puissent invoquer un motif plausible d'absence.

Depuis 1890 (²), l'instituteur possède la plus entière liberté pour classer ses élèves, au courant de l'année, dans une des sept catégories qui correspondent aux sept *standards* de l'Instruction primaire.

De cette façon, chaque élève pourra être instruit soigneusement en rapport avec ses forces, et l'instituteur ne sera pas tenté de négliger les médiocrités pour favoriser les plus intelligents. Il a le droit de classer ses élèves pour chaque branche du programme, de telle façon qu'un enfant peut se trouver dans le 5ᵉ *standard* pour l'arithmétique, dans le 6ᵉ pour la lecture, et dans le 4ᵉ pour l'écriture, si ses aptitudes

---

(¹) *Visits without notice.* Circulaire du 16 juillet 1891, n° 298.

(²) *Minute* du 11 juillet 1890, expliquée au Parlement par sir W. Hart-Dyke, en la séance du 5 mai 1890.

spéciales conseillent ces différences. En règle générale, la Circulaire, complétée par des Instructions minutieusement détaillées, conseille que le même élève soit avancé d'un *standard* par an, sauf des cas d'inintelligence exceptionnelle ; de même, elle autorise l'avancement de deux *standards* pendant la même année, si les capacités brillantes de l'enfant s'y prêtent.

En tout cas, l'inspecteur doit examiner chaque élève dans le degré d'instruction où il a passé l'année qui précède sa visite ; mais il est autorisé à émettre ses observations, s'il constate que la classification d'un grand nombre d'élèves dans les *standards* inférieurs provient de la négligence de l'instituteur plutôt que de la médiocrité des élèves.

Pour faire son examen sur les matières primaires obligatoires du programme, l'inspecteur ne procède plus aujourd'hui comme il le faisait autrefois, sous le régime du *payment by results* de Mr. R. Lowe. Depuis 1893, l'inspecteur examine la classe par échantillons (*sample examination*); c'est-à-dire, qu'il partage au hasard les élèves en trois groupes auxquels il permet à l'instituteur d'adjoindre quelques élèves particulièrement avancés dans la branche spécialement assignée à chaque groupe, écriture, lecture ou calcul, de façon à ce que les meilleurs sujets de la classe soient connus dans leurs aptitudes propres.

Cela fait, chacun des enfants du groupe est interrogé oralement, sauf pour l'écriture, et, si l'instituteur le demande, quelques questions leur sont posées auxquelles ils doivent répondre par écrit.

L'examen sur les matières classiques que l'instituteur peut choisir dans une liste arrêtée par le Département; mais qu'il n'est pas obligé d'enseigner, s'il ne désire pas mériter les subsides qui y sont affectés, se fait dans les mêmes conditions; seulement, dans les classes nombreuses qui présentent le maximum de deux matières autorisé par la loi, les instructions ministérielles recommandent que la classe soit partagée en deux moitiés, dont l'une sera examinée sur la première des deux matières, et l'autre sur la seconde. Ici encore, chaque élève peut se trouver dans un *standard* proportionné à sa force, et ce *standard* peut être plus ou moins élevé que celui où il se trouve pour les matières élémentaires obligatoires.

Enfin, pour l'examen dans les matières spécifiques, l'instituteur peut présenter suivant la même classification le nombre d'élèves qu'il veut, et ceux-là seulement sont interrogés. Ces matières spécifiques sont puisées dans une liste officielle. Cependant les directeurs de l'école peuvent en adopter de préférence une qui ne figure pas sur cette liste, mais que les circonstances de la situation de l'école indiquent spécialement à leur attention. En ce cas, ils doivent en référer au Département, lui soumettre un programme d'enseignement de cette science et obtenir son consentement d'après un rapport favorable de l'inspecteur. Aucun élève ne peut en présenter plus de deux à la fois, mais tous peuvent les choisir en conformité avec leurs aptitudes spéciales.

Il y a certaines matières qui figurent sur la liste classique et sur la liste spécifique en même temps. Il est clair que si l'école adopte une de ces matières comme classique et l'enseigne, par conséquent, à tous ses élèves, elle ne pourra pas la faire présenter comme matière spécifique par quelques-uns de ses meilleurs élèves, car ce serait faire double emploi. Ce ne serait là qu'un truc pour se procurer un subside très élevé avec très peu de peine.

De même l'inspecteur ne peut admettre à l'examen que sur une seule matière spécifique les petites filles qui suivent les cours de cuisine, de laiterie ou de lingerie, afin de ne pas surcharger leur instruction spéciale aux dépens de l'instruction élémentaire générale qu'elles doivent recevoir avec le reste de la classe. Si une même élève suit les trois cours spéciaux de cuisine, laiterie et lingerie, elle ne peut plus présenter d'examen sur aucune matière spécifique.

Une dernière chose est à noter à propos de l'inspection, c'est qu'elle ne peut jamais porter sur les matières religieuses qui figurent au programme de l'école.

§ III. — L'Inspection privée.

Pour ces matières religieuses et pour toutes les autres en général, les directeurs d'école peuvent avoir recours à une inspection spéciale, dépourvue de tout caractère officiel et obligatoire.

Ils peuvent librement choisir la personne de l'inspecteur, mais il faut qu'ils donnent avis de cette inspection aux élèves, au moins quinze jours d'avance. Tous ceux qui le désirent, c'est-à-dire, dont les parents le demandent par écrit ou oralement à la direction, doivent en être dispensés. Enfin, il ne peut pas être tenu plus de deux séances d'inspection privée par an, et le Département d'Éducation doit toujours en être informé.

Cette pratique a été régulièrement organisée dans toutes les écoles confessionnelles par l'autorité diocésaine, ou par celle qui la remplace dans les sectes non épiscopaliennes.

Les élèves des écoles libres qui ne sont ni reconnues, ni inspectées par le Gouvernement ne peuvent obtenir les certificats requis par la loi pour la dispense de fréquentation scolaire, qu'en venant se présenter à l'inspecteur d'une école reconnue, en même temps que les élèves de l'établissement et en passant le même examen.

CHAPITRE IX

Le subside en faveur de la gratuité de l'Instruction publique. Loi de 1891.

Jusqu'en 1891, la question de la gratuité absolue des écoles primaires avait été abandonnée à l'appréciation des Directeurs d'institutions privées et des membres du *School board*. Les premiers pouvaient difficilement l'adopter, à cause de la modicité de leurs ressources ; les seconds s'y montraient plus disposés, mais se rattrapaient en élevant le taux de la taxe scolaire.

En 1891, le Gouvernement se décida à intervenir sur ce point, et il le fit par la loi du 5 août, dont nous allons examiner brièvement le principe.

Le Gouvernement s'engage à donner un subside (*fee grant*) remplaçant la rétribution scolaire des élèves, à toute école élémentaire publique qui renoncera à cette rétribution. C'est donc la gratuité facultative.

Aucune distinction ne peut être faite entre une école officielle et une école libre, mais la décision de cette question n'appartient plus, comme sous le régime de la loi de 1870, au *School board* lui-même. L'article 5 de la nouvelle loi décide que lorsque les habitants d'un district scolaire estimeront qu'il n'est pas suffisamment pourvu à la gratuité de l'instruction primaire par les écoles existant dans ce district, ils pourront adresser une pétition au Département d'Éducation qui fera procéder à une enquête. Si les résultats de ses recherches confirment les termes de la pétition, il ordonnera aux autorités scolaires d'agir en conséquence dans le délai d'une année ; faute de quoi, il y procèdera lui-même par commissaire spécial, comme dans le cas d'un *School board in default*.

Toutefois il s'abstiendra d'agir, s'il constate que les écoles libres du district ont pourvu à la gratuité de l'instruction, ou sont en voie de le faire d'une manière satisfaisante, eu égard à l'importance de la population.

Selon l'article 2 de la loi, toute école élémentaire publique dont toutes ou une partie des classes n'auront pas sollicité le subside annuel ordinaire avant le 1er janvier 1891 ([1]), ne pourra plus être reconnue par le Gouvernement et placée par lui sur la liste des écoles subsidiées, si elle n'est absolument gratuite.

Moyennant cette condition elle aura droit outre le subside annuel ordinaire à un subside spécial de 10 sh. (fr. 12-50) par unité du chiffre des présences moyennes des enfants âgés de trois à quinze ans, ce

---

([1]) C'est-à-dire une école qui a été fondée après cette date, ou qui n'a réuni les qualités essentielles de l'école élémentaire *publique* qu'à partir de l'année 1891.

qui correspond à une rétribution scolaire de 3 *pence* ou trente centimes par semaine (¹).

Dans les écoles élémentaires publiques déjà subsidiées à cette époque et où la rétribution scolaire n'excédait pas ce chiffre de 10 sh. par élève et par an, le même subside pourra s'obtenir moyennant la suppression de cette rétribution.

Quant aux écoles qui à une date postérieure au 1ᵉʳ janvier 1891 recevaient une rétribution scolaire moyenne plus élevée que 10 sh. par enfant et par année, elles ne pourront recevoir le subside spécial de 10 sh. que si elles diminuent leur rétribution d'une somme correspondante de 10 sh. par élève. Si, par exemple, une école exigeait 15 francs de rétribution annuelle, elle ne recevra le *fee grant* que si elle se contente d'exiger des parents une rétribution de fr. 2.50.

Toutefois, il se pourrait qu'à raison du chiffre de la population, ou dans l'intérêt bien entendu de l'instruction primaire (choses que le Département appréciera discrétionnairement) (²), il soit opportun de tolérer l'exigence d'une rétribution scolaire dans des écoles qui reçoivent le *fee grant* de 10 sh. En ce cas, cette rétribution ne pourra jamais excéder 6 *pence* (60 cent.) par élève et par semaine, au lieu des 9 *pence* (90 cent.) qu'autorisait l'*Act* de 1870. De plus, le Département

---

(¹) Cela correspond à une année scolaire d'environ quarante-deux semaines.

(²) Chaque fois que le Département usera de ce pouvoir, il devra en faire un rapport spécial au Parlement.

pourra décider que le montant des ressources que l'école retire de ce chef sera compensé par une réduction proportionnelle d'une partie de la totalité du *fee grant*. La loi entend ainsi ne pas favoriser aux dépens du Trésor public la gratuité des écoles dans les localités où les parents seraient très bien à même de payer une rétribution plus ou moins considérable.

Si dans certaines écoles le chiffre du *fee grant* (10 sh.) excède celui de la rétribution scolaire qu'il remplace, de telle façon qu'il égale la somme totale que les directeurs recueillaient du chef de cette rétribution, cumulée avec le produit de la vente des fournitures classiques, il ne pourra plus être exigé aucun prix pour la fourniture de ces objets.

Ce *fee grant* de 10 sh. ou d'un moindre import entrera en ligne de compte pour l'appréciation des revenus de l'école, en tant que leur chiffre doit déterminer le maximum du subside annuel ordinaire. Ce n'est que juste, puisqu'il remplace la rétribution scolaire qui était une des sources de ces revenus. Les directeurs de diverses écoles peuvent même s'entendre pour former du produit du *fee grant* un fonds commun, destiné à compenser l'inégalité des ressources de leurs écoles respectives. Dans ce cas, la somme qu'ils attribueraient à titre de donation à une de leurs écoles au moyen de ce fonds ne peut pas entrer en compte pour majorer le chiffre des revenus de l'école soutenue par eux ; car ce serait lui attribuer un chiffre qui ne correspondrait plus à celui de la rétribution scolaire que remplace le *fee grant* qu'elle reçoit : ce serait en réalité lui compter deux fois le même subside. D'autre part, l'école qui se dépouillerait d'une partie de son *fee grant* en faveur d'une autre, ne verrait pas diminuer en proportion le chiffre global de ses revenus ; car cette somme, par le fait qu'elle lui a été acquise en remplacement d'une partie de ses revenus réels, a fixé le total de ces revenus, quel que soit l'emploi qu'elle en fasse dans l'intérêt général de l'instruction publique.

Si un directeur d'école, bénéficiant du *fee grant*, enfreint la loi de 1891 en élevant sa rétribution scolaire à un taux prohibé par les conditions dans lesquelles la loi lui octroie cette subvention spéciale, le Département d'Éducation appréciera les circonstances de sa contravention. Si elle est excusable, par ignorance ou par inadvertance, il lui continuera l'octroi du *fee grant*, mais en le réduisant d'autant que ce directeur aura dépassé le maximum légal de la rétribution exigible; sinon il le lui supprimera totalement.

Le paiement de ce subside spécial se fait d'après un mode nouveau que tous les directeurs d'écoles désireraient vivement voir appliquer au paiement du subside ordinaire, car il apporterait dans l'alimentation de la caisse scolaire une régularité dont les effets bienfaisants rejailliraient d'une façon sensible sur l'entretien de l'école et sur le paiement des traitements d'instituteurs. En vertu de la Minute du Comité d'Éducation, en date du 26 août 1891, cette subvention se paie par des à-compte trimestriels, le dernier paiement coïncidant avec celui du subside annuel ordinaire.

Il est à remarquer encore que, tandis que le subside

annuel ordinaire ne se paie que pour la moyenne des présences fournies par les enfants soumis à l'instruction obligatoire, c'est-à-dire âgés de cinq à quatorze ans, celui-ci se paie de même pour les enfants de trois à quinze ans, afin de favoriser un plus long séjour dans l'atmosphère de l'école en dehors des limites strictement obligatoires des lois de 1876 et de 1880.

Enfin, remarquons que le Parlement anglais est entré, à l'égard de ce dernier subside, dans une voie différente de celle qu'il avait suivie jusqu'ici. Au lieu d'abandonner au Département d'Éducation tout ce qui concerne l'organisation du nouveau subside, en se contentant d'en poser le principe et la limite, la loi le règle dans presque tous ses détails et ne laisse à l'initiative de l'administration centrale qu'une part d'action très restreinte.

APPENDICE.

Il nous reste à mentionner un dernier subside spécial, créé par l'article 97 de la loi de 1870.

Dans les localités où, indépendamment des subsides parlementaires et malgré la taxe scolaire levée par les ordres et au profit du *School board,* les ressources restent insuffisantes à pourvoir aux besoins de l'instruction publique, le Département d'Éducation peut proposer d'y subvenir au moyen d'un subside extraordinaire, dont le projet deviendra loi, après avoir séjourné pendant un mois sur le bureau des deux

Chambres du Parlement. Il faut les conditions suivantes :

1° Que la somme réclamée par le *School board* à l'autorité locale eût été égale au produit d'une contribution supplémentaire de 3 *pence* (30 cent.) par livre sterling de revenu imposable dans le district ;

2° Qu'en outre le produit de cette taxe extraordinaire n'eut pas donné au total une somme de £ 20 (fr. 500) ou pas plus de 7 $^1/_2$ sh. (fr. 9.40) par unité du chiffre des présences moyennes fournies par les enfants inscrits au registre des écoles de ce *board*.

Cela étant, le Département pourra proposer d'accorder à ce *board* un subside tel, qu'ajouté au produit de la taxe ordinaire déjà levée, il forme un total de £ 20, ou de fr. 9.40 par élève. Ce subside est comme le précédent entièrement réglé par la loi.

CHAPITRE X

Les Écoles du soir. *Evening Continuation Schools.*

Si le Parlement anglais a montré quelque défiance à l'égard du ministère dans le vote des deux subventions spéciales que nous avons rencontrées dans le chapitre précédent, il n'en a pas été de même pour ce qui concerne les écoles destinées à l'achèvement de l'instruction des enfants qui ne sont plus en âge de fréquenter l'école primaire. Pour celles-ci, au contraire, le législateur semble en avoir abandonné l'organisation à l'administration. Leur existence n'est consacrée que d'une façon pour ainsi dire indirecte par deux articles de loi : l'article 1er de la loi de 1890, d'après lequel une école du soir ne doit pas nécessairement adopter comme éléments principaux de son programme les matières de l'enseignement primaire prescrites par la loi de 1870 aux écoles publiques subsidiées, et l'article 1er de la loi de 1891 qui exclut ces écoles du soir des bénéfices du *fee grant*.

C'est tout. Pour le reste, la loi s'en remet absolument au soin du Département d'Éducation qui publie chaque année un Code spécial pour ces écoles et le soumet au Parlement dans les mêmes conditions que le Code d'Éducation primaire.

Jusqu'en 1861, il y avait eu quelques rares écoles du soir érigées par des personnes généreuses et soutenues par la charité publique et par un modique subside du Gouvernement. Le système du *payment by results* inauguré par M. Lowe, en 1862, les fit mourir d'inanition l'une après l'autre, si bien qu'en 1888 la Commission Royale d'Éducation appela instamment l'attention du Ministère sur la nécessité qu'il y avait de les rappeler à l'existence : « Il nous a été
» affirmé que beaucoup d'enfants qui ont cependant
» fait de bonnes études primaires complètes, oublient
» bientôt la plus grande partie de ce qu'ils ont appris
» avant d'entrer à l'usine. L'état-civil confirme ce
» témoignage par le grand nombre de personnes qui
» ne peuvent signer le registre des mariages. C'est
» pourquoi le besoin se fait vivement sentir de créer
» des écoles qui puissent fixer dans l'esprit d'une
» manière permanente les connaissances acquises
» dans l'école primaire; il y en a déjà, mais elles
» végètent, et l'opinion de notre Commission est que
» leur insuccès est dû au manque de soutien de la
» part de l'État. »

Ces recommandations ne furent pas perdues et depuis 1890 un Code spécial organise ces écoles de *continuation*.

La Minute du nouveau Code pour cette année, en date du 4 mai 1894 (l'année scolaire commençant toujours le 1er mai), débute par un *memorandum* explicatif dont voici les principales idées :

I. Le but visé par le Code des écoles de continuation est :

a) de donner aux directeurs une grande liberté d'organisation de leurs écoles;

b) de leur offrir un vaste choix de sujets appropriés aux besoins divers des élèves et des localités;

c) de leur suggérer, et sous forme de *syllabus* et sous forme de plan détaillé, des programmes pour l'enseignement de ces matières;

d) de les mettre à même de combiner avec l'enseignement des matières pour lesquelles l'État paie un subside, celles pour lesquelles il ne peut en accorder, mais qu'il est cependant désirable de voir inscrire au programme.

II. Les principaux changements introduits dans le nouveau Code sont les suivants :

a) désormais l'État admettra pour le calcul du subside que l'on tienne compte de la fréquentation de l'école par des élèves âgés de plus de 21 ans;

b) et c) . . . .

d) les subsides s'accorderont, comme dans les écoles primaires, eu égard à l'instruction de la classe en général (*as a whole*), et non pas d'après la proportion d'examens passés par le total des élèves de l'école;

e) le subside *fixe* ne sera plus proportionnel à la moyenne de la fréquentation, mais se calculera d'après le nombre d'heures de classe reçues par les élèves, afin d'encourager les directeurs à prolonger la durée des sessions de l'école et des séances de classe;

f) le subside sera aussi proportionnel au temps qui aura été consacré à chaque partie du programme, le total s'en modifiant d'après la qualité de l'instruction donnée dans l'école;

g) l'inspection à jour fixe est abolie et remplacée par des visites à l'improviste, *visits without notice*.

III. Les nouveaux règlements ont pour but de

pourvoir à l'instruction des élèves qui ne se trouvent plus soumis aux prescriptions de la loi sur l'instruction obligatoire, mais qui désirent compléter leur éducation soit dans les sciences élémentaires, soit dans une branche spéciale pour se préparer à une carrière industrielle.....

IV. Les devoirs de l'Inspecteur du Gouvernement sont :

a) de visiter l'école, sans avertissement, au moins une fois pendant la session scolaire, à un moment où, d'après son programme, elle est ouverte aux élèves en qualité d'école subsidiée, et de consacrer toute la durée d'une séance à cette inspection ;

b) et suiv. D'y pratiquer l'inspection des classes par échantillons, comme pour les écoles primaires (*sample examination*) ; etc...

Tel est le but que le Ministère s'est proposé, et il a cherché à l'atteindre en édictant le nouveau Code de 1894, dont nous allons examiner rapidement les principales dispositions.

Tout d'abord il rappelle une série d'articles extraits des lois sur les écoles primaires proprement dites, et qu'il déclare applicables aux écoles de continuation. Ce sont notamment :

L'article 3 de la loi de 1870 qui fixe le maximum de la rétribution hebdomadaire à 9 *pence* (90 cent.) [1];

---

[1] Nous savons que ce chiffre indique la *moyenne* de la rétribution qui s'obtient en divisant le revenu hebdomadaire de ce chef par le nombre des enfants inscrits pour la semaine sur le registre de l'école. Il ne comprend jamais les sommes payées pour les fournitures classiques.

L'article 4 qui définit les conditions essentielles d'une école élémentaire publique ;

Les articles 6 et 7 qui permettent aux *School boards* aussi bien qu'aux particuliers d'ouvrir une école du soir ;

Et une foule d'autres articles qui déterminent les conditions générales de l'allocation des subsides, en particulier l'article 107 qui fixe ce maximum de la subvention à un chiffre égal à celui du revenu que l'école tire d'autre part, ou à 17 $^1/_2$ sh. (fr. 21.80) par élève, si ce revenu est inférieur à ce dernier chiffre.

L'article 2 du Code énumère ensuite les conditions générales du subside propres aux écoles de continuation. Une subvention pourra être accordée pour l'enseignement de toutes les matières du programme de l'enseignement primaire et de l'enseignement professionnel ; mais (art. 4) aucun subside ne se donnera pour l'instruction religieuse, ni pour l'enseignement d'une branche quelconque du programme laïc qui n'aurait pas été approuvée par le Département dans son Code ou par une circulaire spéciale.

L'enseignement des sciences naturelles, de la musique vocale et l'instruction ménagère avec tous ses accessoires (pour filles et femmes) peuvent se donner en dehors de l'école, dans un local approuvé par l'inspecteur. Tout le reste doit s'enseigner dans l'école même, sauf dispense pour des motifs plausibles dont l'appréciation est laissée à l'inspecteur. (Art. 5.)

L'école ne peut s'ouvrir avant 4 heures du soir, et le Département ne tient compte d'aucune séance dont au moins une heure n'aurait pas été consacrée à l'enseignement laïc. (Art. 6.)

Les présences des élèves doivent se prendre au commencement de la classe, à moins que des raisons spéciales ne viennent motiver l'adoption d'une pratique contraire. En ce cas, d'ailleurs très fréquent, l'école doit en informer le Ministère et soumettre à son approbation le règlement qu'elle se propose d'adopter ; mais elle ne peut jamais tenir compte de la présence des élèves qui auraient quitté la classe avant la fin des leçons qui font partie du programme laïc de l'école.

Les élèves n'y sont pas admis avant l'âge de quatorze ans, à moins qu'il ne soient porteurs d'un certificat qui les dispense de fréquenter une école primaire. (Art. 8.)

Toute personne, clerc ou laïque, âgée de plus de dix-huit ans, agréée par l'inspecteur, et qui n'occupe pas dans une école primaire les fonctions d'élève-instituteur, peut enseigner dans une école du soir. Il faut cependant que l'instituteur en chef soit diplômé, ou qu'il ait été expressément dispensé du diplôme par l'inspecteur, à raison de ses capacités toutes spéciales ; jamais il ne peut remplir d'autres fonctions qui réclameraient sa présence au dehors de l'école, ou ses soins pendant les heures de classe.

L'école doit tenir au moins trente séances de classe chaque année, et l'horaire doit en être fixé et affiché comme pour les écoles primaires. L'inspection a lieu sans préavis et, après chaque visite, l'inspecteur doit transmettre au Département un rapport sur l'état dans lequel il a trouvé l'école, en concluant, s'il y a lieu, à ce qu'elle soit reconnue par le Gouvernement comme étant une école efficace et méritant un subside.

Enfin, le Département peut refuser la subvention demandée, s'il se convainc que l'école n'a pas un directeur résident (*local manager*). Le vœu du Code est d'ailleurs que ces écoles du soir, tout comme les écoles primaires, soient dirigées par un Comité local d'au moins trois personnes, remplissant les fonctions d'administrateurs responsables et résidant dans l'école même ou à proximité.

Le Code énumère ensuite les conditions spéciales des subsides, c'est-à-dire, qu'il en détermine l'incidence et l'import.

Le subside est également divisé en deux catégories. La première comprend le poste fixe, qui est de 1 sh. (fr. 1.25) pour chaque douzaine d'heures que chaque élève a passées dans l'école pendant l'année écoulée. Cette subvention fixe ne peut pas être diminuée; elle ne peut être supprimée que si toute allocation est enlevée à l'école, mais elle ne peut lui être accordée que si elle se met en mesure de mériter l'un ou l'autre des subsides variables qui l'accompagnent.

Le subside variable est de 1 sh. ou 1 $\frac{1}{2}$ sh. (fr. 1.25 ou fr. 1.85) et se calcule d'après la qualité de l'enseignement donné, pour chaque douzaine d'heures pendant lesquelles chaque élève aura assisté à un cours, dont au moins quinze heures auront été données pendant l'année. Sont exceptés de ce compte les cours de cuisine, lingerie et laiterie. Le subside ne peut être payé du chef d'un même élève, ni pour moins de deux, ni pour plus de cinq branches.

Quant aux subsides spéciaux, ils comprennent :

1° Pour un cours d'art culinaire donné par une institutrice spécialement diplômée, une subvention de 2 ou 4 sh. (fr. 2.50 ou fr. 5) pour chaque élève du sexe féminin qui aura reçu au moins 20 ou 40 leçons, à raison de 4 au plus par semaine pendant l'année, à condition que la classe de cuisine n'ait pas plus de 18 élèves dont chacune aura cuisiné de ses propres mains pendant au moins 10 ou 20 heures ;

2° De même un subside de 2 sh. sera accordé pour chaque élève qui aura reçu au moins 20 leçons de lingerie pendant l'année, dans des conditions identiques ;

3° Enfin, toujours dans les mêmes conditions, le Gouvernement consent à allouer un subside de 4 sh. pour chaque élève d'une classe n'en comptant pas plus de 14, qui aura reçu au moins 20 leçons de laiterie de deux heures chacune, sous la direction d'une institutrice spécialement diplômée.

Ces trois derniers subsides ne peuvent s'obtenir que pour autant que les matières qui en font l'objet soient comptées au nombre de la série de deux à cinq branches que l'élève peut présenter pour le subside variable, de telle sorte qu'une école ne pourrait se contenter d'obtenir son subside fixe, en ne présentant pour le surplus qu'une des trois matières spéciales que nous venons d'indiquer.

Statistique.

Pendant l'année 1893-1894, 1,977 écoles du soir

furent soumises à l'inspection. Le nombre *moyen* des élèves qui les fréquentaient journellement était de 81,068 ; les élèves ayant fourni assez de présences pour être admis à subir l'examen, furent au nombre de 98,976, et 74,156 d'entre eux le passèrent.

243 écoles contenant 4,833 filles et femmes ont obtenu des subsides pour le cours d'art culinaire.

Il est à espérer, disent les inspecteurs, que le nouveau Code aura pour effet d'accroître considérablement le nombre des élèves et celui des écoles.

A l'heure actuelle, aucune statistique n'a encore pu être établie pour apprécier ce nouveau régime qui ne fonctionne que depuis un an; mais tout fait prévoir que maîtres, élèves et inspecteurs s'en trouveront au mieux.

CHAPITRE XI

Les Écoles normales. — *Training colleges.*

§ I. — Leur situation légale.

Nous savons qu'en 1847, lord John Russell, en demandant des crédits plus considérables pour l'instruction primaire, proposa le vote d'un subside de £ 10,000 (250,000 fr.) pour la fondation d'une école normale de l'État.

Le crédit fut rejeté et les écoles primaires continuaient à être dirigées par des maîtres incapables. Nous avons vu quelle était la condition sociale de ces instituteurs, véritables parias, déclassés. Quant aux *pupil-teachers* (élèves-instituteurs), ils n'étaient guère mieux préparés à remplir leurs fonctions que les moniteurs d'enseignement mutuel inauguré par Lancaster et par le Dr Bell.

Nous ignorons à quelle époque le Gouvernement commença à subsidier les écoles normales érigées par diverses sectes religieuses. Aucune loi n'en parle et aujourd'hui même leur existence et leur droit à une subvention de l'État ne sont reconnus que par le Code du Département d'Éducation.

Ce Code a force de loi ; il reconnait aujourd'hui deux catégories d'écoles normales :

Les Pensionnats (*Residential Colleges*) et (depuis 1890) les Externats normaux (*Day Training Colleges*) dont la création répondait aux vœux de la Commission Royale d'Éducation de 1885-1888.

§ II. — Les subsides.

Conditions.

Par le fait qu'il n'a pris aucune disposition pour la création d'écoles normales, le Gouvernement a dû se contenter du rôle de souscripteur aux instituts privés et il n'a jamais pu leur imposer une clause de conscience comme il l'a fait pour les écoles privées. C'est pourquoi les écoles normales anglaises réalisent le type de l'école confessionnelle. Tout le monde s'en déclare satisfait, et l'expérience que l'État Britannique a faite sur ce terrain avec tant de succès, constitue un précieux argument pour les partisans de l'école confessionnelle pure et simple Nous aurons d'ailleurs l'occasion d'y revenir bientôt.

Une condition essentielle à la reconnaissance légale d'un *training college*, pensionnat ou externat, c'est qu'il soit situé à proximité d'une école primaire publique où les normalistes puissent s'exercer à l'enseignement : *practising school*.

L'école normale ne reçoit d'ailleurs de subside que si elle est en tout temps accessible aux inspecteurs de l'État et que si ceux-ci se déclarent satisfaits de l'administration, du personnel, du programme, etc., et proposent l'inscription sur la liste des subventions.

L'organisation de l'école est entièrement abandonnée au comité libre qui la dirige. L'enseignement religieux ne peut y rencontrer aucune entrave de la part de l'État ; l'inspection privée s'y fait par des personnes choisies par le comité, ou imposées par l'autorité religieuse qui a la haute main sur l'établissement.

Seulement l'école ne peut admettre en qualité de normalistes reconnus par la loi (*Queen's scholars*) que les élèves qui ont subi l'examen portant sur toutes les branches dont se compose le programme d'études des élèves instituteurs ; ce dernier est déterminé par le Code d'Éducation. Elle peut recevoir aussi les instituteurs déjà diplômés, qui n'auraient pas antérieurement consacré deux années complètes aux études normales, et toutes les personnes qui sont munies d'un diplôme universitaire délivré par une faculté reconnue par la loi. De plus, ces candidats doivent produire une certificat médical et signer l'engagement d'embrasser la carrière pédagogique dans une école reconnue par le Gouvernement, ou d'entrer dans l'armée.

Le Département d'Éducation détermine lui-même, sur la proposition des directeurs de l'école, le nombre d'élèves externes qu'ils peuvent admettre dans les classes d'un pensionnat de normalistes.

Si l'élève ne tient pas l'engagement qu'il a signé, le Département doit en être informé par la direction. Il peut alors lui refuser le diplôme d'instituteur qu'il sollicitera plus tard, ou, s'il est déjà diplômé, il peut lui refuser le diplôme de parchemin, auquel ont droit ces instituteurs qui rentrent à l'école normale pour compléter par une année d'études celles qu'ils avaient déjà faites, sans y consacrer deux années complètes dans une école normale.

Pour ceux-ci, la durée des études normales proprement dites est d'une année, mais pour tous les autres elle est de deux ans. Toutefois, le Département peut admettre à faire une troisième année d'études [1] les élèves qui montreraient des dispositions spéciales et qui seraient recommandés par leurs directeurs. Ceux-ci peuvent donner cette recommandation à quelques élèves seulement, ou à une classe de leur école et même à tous les élèves de leur établissement; il est fait mention sur les diplômes de ces études complémentaires.

Enfin, toute école normale d'externes doit être affiliée à une université, ou à l'un des nombreux collèges d'études supérieures si répandus en Angleterre : *University colleges*. La direction de ces écoles doit être confiée à un comité local, responsable de l'administration et de la discipline de l'établissement, ainsi que de la moralité et de l'assiduité des élèves qui le fréquentent. Bien que la constitution de ces comités, obligatoire pour les externats, soit absolument facultative pour les pensionnats normaux, elle a été consacrée pour tous par un usage constant.

Ils se composent d'au moins cinq membres, ordi-

---

[1] Cette année d'études peut se faire dans l'école même ou ailleurs.

nairement choisis dans le haut clergé, la haute bourgeoisie et même dans la grande aristocratie, et comptent, en général, une dizaine de membres. Ces personnes se réunissent comme bon leur semble, mais le Code exige que cinq d'entre elles au moins siègent en comité le jour de l'inspection, pour entrer en conférence avec l'inspecteur et entendre ses observations et ses conseils.

Les subsides.

La subvention du Gouvernement aux écoles normales varie considérablement selon qu'elle s'applique à un pensionnat ou à un externat.

A. *Pensionnats normaux.*

Le subside aux écoles normales d'internes est de deux espèces. Il consiste d'abord en une somme fixe, une fois donnée, pour chaque élève qui sort du collège pour entrer dans la carrière pédagogique, tandis que la seconde partie de ce subside est représentée par la somme que le Ministère alloue chaque année pour l'entretien des établissements normaux.

Le subside fixe, une fois payé, se calcule à raison de £ 100 ou £ 70 (2,500 fr. ou 1,750 fr.), suivant que l'élève est du sexe masculin ou féminin, et uniformément à £ 20 (500 fr.), par externe, à condition que l'élève ait suivi le cours de l'école normale pendant deux ans, et qu'il ait ensuite obtenu le diplôme ordinaire d'instituteur ; de plus, il faut qu'il ait rempli strictement les engagements qu'il a signés, soit dans le professorat, soit dans l'armée de terre ou de mer, ou bien qu'il ait achevé les études supplémentaires qui donnent droit au diplôme de parchemin ([1]).

Ces conditions étant remplies, l'une de ces trois sommes est inscrite au crédit de l'école.

Un subside égal à la moitié du précédent s'accorde aussi pour les élèves qui sont autorisés à passer une troisième année dans l'école ou ailleurs pour compléter leurs études normales, et pour les élèves qui n'y séjournent qu'une année, s'ils ont déjà antérieurement rempli les conditions que le Code met à l'obtention du subside par ceux qui y passent le terme régulier de deux années.

Quant au subside annuel, il a ceci de particulier qu'il est puisé dans le fonds constitué par les subsides fixes. Ceux-ci, en effet, ne sont pas payés au collège : ils sont inscrits à son crédit, à son compte courant, dirions-nous volontiers, en faisant cette réserve qu'il ne comporte pas de poste en débit.

La loi, ou plus exactement le Code, fixe le maximum du subside annuel, d'une part, à 75 p. c. du budget des dépenses de l'école approuvé par le Département, et, d'autre part, à £ 50 (1,250 fr.) par élève masculin, £ 35 (875 fr.) par élève féminin et £ 10 (250 fr.) par externe inscrit en qualité de *queen's scholar* sur les registres de l'établissement pendant toute l'année écoulée.

Cette subvention se paie en trois termes (mars, juin et septembre) de £ 12 (300 fr.) par élève masculin

---

([1]) *Voir* pour les détails le Chapitre XII. *Des Instituteurs.*

et £ 8 (200 fr.) par élève féminin pensionnaires. Seulement, le paiement du mois de septembre peut être diminué ou suspendu en vertu de la limite de 75 p. c., ou dans le cas où le total du subside annuel viendrait à excéder la somme qui se trouve portée au crédit de l'école.

Le compte de l'établissement, comprenant, d'une part, son crédit et, de l'autre, les sommes déjà payées, s'arrête chaque année par la direction, qui le soumet ensuite à l'approbation du Département. La balance de ce compte est reportée à l'exercice suivant; cette opération s'appelle *adjustement* ou liquidation. C'est à la suite de ces calculs, au commencement de l'année scolaire suivante, que le Département paie à l'école les sommes auxquelles elle pourrait encore prétendre pour compléter le chiffre maximum de son subside annuel.

Le subside, qui se trouve donc limité *en principe* à l'une des deux sommes que nous avons indiquée, est limité *en fait* au chiffre de la subvention portée au crédit de l'école. Si l'établissement puise à cette source pour ses dépenses ordinaires, dans une mesure telle qu'à l'arrivée du terme périodique des paiements il ne lui reste rien de disponible à son crédit, en vertu de l'une des limites de principe, le Département ne lui paiera plus rien. Naturellement, si les dépenses du collège, tout en restant en deçà des limites de principe, excèdent cette limite de fait, l'État n'est pas chargé d'en combler le déficit.

Il n'y a qu'une seule exception à cette règle. Lorsqu'il s'agit de la construction d'un nouvel établissement, ou de modifications importantes, (mais toujours à approuver par le Département), pendant les cinq années qui suivent, le Code suspend l'action de la limite de fait, et le Ministère a le devoir de payer tous les subsides requis à bon droit par l'école, sans pouvoir tenir compte de l'importance de son crédit. Il n'y a donc en ce cas de réduction à opérer sur les subventions demandées, que du chef de l'une des deux limites de principe.

B. *Externats normaux.*

La subvention accordée par l'État aux *Day Training Colleges* consiste en une somme remise par le Département au comité local qui a la direction de l'école, lorsque celui-ci lui a présenté au 31 juillet de chaque année l'ensemble des comptes qu'il a arrêtés. Le subside est alors versé dans la caisse du comité, en deux paiements de £ 11 (fr. 275) ou £ 9 (fr. 225) par élève, suivant le sexe, au 1er octobre et au 1er février; le troisième paiement a lieu le 1er mai : il est de £ 13 (fr. 325) ou £ 12 (fr. 300), selon le sexe des élèves inscrits dès le commencement de l'année écoulée.

Au moyen du fonds constitué par cette subvention, le comité doit payer à chaque *Queen's scholar* de l'école trois termes de subside échelonnés comme suit : au 1er octobre et au 1er février, £ 8 (fr. 200) ou £ 6 (fr. 150), selon le sexe, et au 1er mai, £ 9 (fr. 225) ou £ 8, selon le sexe.

Cela forme un total de £ 25 (fr. 625) par an à chaque

Queen's scholar masculin, et de £ 20 (fr. 500) par an à chaque élève féminin, tandis que le *Comité* reçoit pour ses dépenses le chiffre alloué aux pensionnats pour chaque élève externe, c'est-à-dire £ 10 (fr. 250) *par* élève inscrit depuis le commencement de l'année écoulée.

Les écoles normales pensionnats reçoivent et paient à leurs élèves externes le même subside que les comités des externats, mais ces élèves doivent, comme ceux des externats, pourvoir eux-mêmes à toutes les dépenses de leur éducation normale, au moyen de cette subvention.

Les *Practising schools* attachées aux établissements normaux étant des écoles primaires publiques régies par la loi de 1870 et les lois subséquentes, reçoivent les mêmes subsides que les autres écoles primaires publiques.

CHAPITRE XII.

Les Instituteurs.

§ I. — Diverses catégories d'Instituteurs.

Il y a six catégories d'instituteurs reconnus par la loi :

Les candidats en stage, *candidates on probation*.
Les élèves instituteurs, *pupil teachers*.
Les instituteurs-adjoints, *assistant teachers*.
Les instituteurs diplômés, *certificated teachers*.
Les institutrices supplémentaires, *additional teachers*.
Et les instituteurs provisoirement diplômés, *provisionally certificated teachers*.

L'admission des postulants à l'une de ces catégories dépend de diverses conditions d'âge et d'instruction que nous examinerons spécialement pour chacune d'elles, mais elle n'est subordonnée à aucune condition expresse de nationalité. La loi, en effet, n'envisage pas l'instituteur, même dans une école officielle, comme étant un fonctionnaire public. Le *School board*, il est vrai, est une administration publique, il constitue l'un des organes du *Local Government*, peut être plus étroitement soumis à l'administration centrale que ne le sont les autres organismes du *Self Government*. Mais il choisit librement ses fonctionnaires, moyennant les restrictions que nous rencontrerons dans le texte de la loi, et au nombre desquelles ne figure aucune condition de nationalité. Il est vrai qu'en Angleterre la question a moins d'importance que dans d'autres pays; on croit qu'un étranger pourra difficilement s'assimiler la langue, au point de pouvoir subir les examens de pratique qui confèrent le diplôme. Il importe peu d'autre part que l'instituteur soit Anglais, Irlandais ou Écossais; il est en tous cas sujet de Sa Majesté Britannique et parle la langue maternelle des Anglais.

Deux conditions générales sont imposées au choix des instituteurs. La première concerne les incompatibilités : l'instituteur ne peut occuper aucune fonction qui l'empêcherait de s'acquitter soigneusement des devoirs de sa profession, (c'est une question d'appréciation); et il ne peut être investi du mandat de membre d'un *School board* ou d'un *School attendance committee*, ni des fonctions d'*attendance officer*. Nous avons vu, d'ailleurs, qu'en règle générale les écoles libres sont dirigées par un comité administratif d'au moins trois personnes, ce qui relègue l'instituteur dans les attributions de son rôle d'éducateur et d'instructeur, au lieu de lui donner, comme en Belgique, des attributions d'administrateur et de directeur.

La seconde condition, c'est que dans les écoles primaires publiques, la loi n'admet comme instituteurs que des personnes laïques. Ceci n'exclut nullement la possibilité d'y faire enseigner la religion par un prêtre, puisque cet enseignement demeure indépendant de la loi, pour autant qu'il soit limité aux restrictions de conscience qu'elle édicte. Cette interdiction ne frappe pas non plus les religieuses ni les religieux qui ne sont pas revêtus de la prêtrise ; car elle ne concerne que les personnes qui ont reçu les ordres sacrés de l'Église anglicane ou ceux que l'on peut y assimiler dans les autres communions religieuses. En un mot, la loi n'exclut du corps des instituteurs reconnus que les clercs proprement dits, les *clergymen*. Cette restriction ne frappe ni les instituteurs des écoles du soir (*evening continuation schools*), ni le corps enseignant des établissements normaux.

I. *Candidates on Probation.*

D'après le Code (art. 33), les enfants âgés d'au moins treize ans accomplis peuvent être employés dans l'enseignement, à condition qu'ils soient agréés par l'inspecteur, après avoir obtenu un certificat de l'autorité médicale et après avoir passé l'examen sur les matières qui forment les ve et vi^e *standards* du programme de l'instruction primaire.

II. *Additional Teachers.*

Les institutrices supplémentaires sont des jeunes filles d'au moins dix-huit ans, agréées par l'inspecteur, et employées principalement pour l'enseignement de la couture dans les écoles ou classes de filles seulement et dans les écoles gardiennes.

Le but du Gouvernement, en créant tout récemment ces deux nouvelles catégories d'instituteurs, fut de permettre aux écoles de se procurer à peu de frais un léger supplément de personnel, en attendant que l'accroissement du nombre d'élèves atteigne des proportions telles qu'il nécessite l'adjonction d'un instituteur proprement dit.

III. Les *Pupil Teachers*.

Ce sont des élèves âgés d'au moins quatorze ans, et qui, après avoir passé l'examen du viie *standard* (degré supérieur) de l'instruction primaire, sont engagés par la direction de l'école aux conditions suivantes :

Le directeur et le *pupil teacher*, assisté de son père ou de son tuteur, signent un contrat par lequel ils conviennent que l'enfant enseignera dans l'école, sous la direction d'un instituteur diplômé, pendant un terme de quatre ans. Cette période d'enseignement peut être réduite d'une ou deux années, si l'élève a passé au sortir de ses études primaires le premier ou le deuxième des quatre examens annuels qui sont imposés au *pupil teacher* pendant son engagement, mais il faut que cette réduction n'ait pas pour effet de mettre fin à ses fonctions de *pupil teacher* avant l'âge de dix-huit ans.

Le directeur, de son côté, s'engage à faire compléter l'instruction de l'enfant, en lui faisant consacrer au moins cinq heures d'études par semaine, sous la direction d'un instituteur diplômé, à la préparation des deux premiers examens annuels, s'il y a lieu, et en tous cas des deux derniers. Le quatrième examen confère au *pupil teacher* le grade de *Queen's scholar* et lui ouvre l'école normale.

L'enfant devra enseigner dans l'école, pendant les heures de classe ordinaires, pendant trois heures au moins, et six heures au plus, par jour, avec un maximum de vingt-cinq heures par semaine ([1]).

Le *pupil teacher* doit toujours être du même sexe que l'instituteur principal de l'école. Si par exception l'instituteur est du sexe masculin, alors que les *pupil teachers* sont des filles, une femme respectable, choisie par les directeurs de l'école, doit être présente pendant toute la durée des leçons qu'elles reçoivent de leur maître. Le cas se produira rarement, car le Département, en règle générale, n'admet comme *pupil teachers* que des enfants du même sexe que l'instituteur et, autant que possible, il exige que les écoles de filles et les écoles gardiennes n'aient que des femmes dans leur personnel enseignant.

Les *pupil teachers* d'une même école officielle ou de plusieurs *school boards* réunis forment entre eux une école spéciale, appelée centre d'éducation, où ils reçoivent gratuitement leurs leçons pendant toute la

---

([1]) En fait, les *pupil teachers* ne consacrent pas plus de treize ou quatorze heures par semaine à cet enseignement. Lorsqu'ils ont donné classe le matin, ils assistent pendant l'après-midi aux cours qu'ils doivent eux-mêmes recevoir d'un instituteur spécialement diplômé; le jour suivant, ils soignent leur propre instruction pendant les heures du matin, et sont de service à l'école primaire pendant l'après-midi.

période de leur engagement (¹). Ils sont examinés à la fin de chaque année par l'inspecteur qui visite l'école primaire où ils enseignent; l'examen doit être annoncé et son *syllabus* doit être imprimé et distribué trois mois à l'avance. Seul l'examen de *Queen's scholar* peut être reculé d'un an, les autres devant se subir au terme fixé. Après deux échecs successifs, à moins que ce ne soit pour cause de maladie ou de force majeure, l'élève ne peut plus être reconnu comme *pupil teacher* et doit quitter l'école. C'est d'après le résultat de ces examens que l'école où sont employés des *pupil teachers* reçoit un subside spécial, déterminé comme suit par tête de *pupil teacher* en fonctions :

		APRÈS LA 1re année.	APRÈS LA 2e année.	APRÈS LA 3e année.	4e ANNÉE : Queen's scholarship. Boursiers de la Reine.
Examen	bon...	50 fr.	50 fr.	75 fr.	125 fr. 1re classe.
	passable.	25 fr.	25 fr.	50 fr.	100 fr. 2e classe.

Le Département d'Éducation n'intervient dans les contrats passés entre les directeurs et leurs *pupil teachers* que pour assurer l'observation des prescriptions légales. Si plus tard une contestation surgit entre parties sur l'une des clauses que la loi remet à

(¹) Les *pupil teachers* des écoles libres peuvent également suivre ces cours, mais ils doivent payer une certaine rétribution.

leur libre consentement, le Ministère n'intervient que comme médiateur. Si la solution proposée par lui n'est pas acceptée par les deux parties, ce sera aux cours de justice qu'il appartiendra de trancher le différend.

Le Code n'autorise la reconnaissance des *pupil teachers* qu'au nombre maximum de trois pour chaque instituteur principal et d'un pour chaque instituteur-adjoint. Les candidats en stage qui forment la première catégorie des instituteurs, peuvent être admis dans la même proportion ; mais leur présence n'assure à l'école aucun droit au subside et ils ne sont soumis à un examen officiel que pour leur admission au rang de *pupil teacher*.

A l'expiration de son engagement, le *pupil teacher* qui est âgé de dix-huit ans peut entrer comme *Queen's scholar* à l'école normale, ou bien il peut devenir instituteur-adjoint, ou prendre le rang d'instituteur provisoirement diplômé.

Le *pupil teacher* qui, pendant la durée de son engagement, soit à cause de son incapacité, soit par son inconduite ou pour tout autre motif sérieux, donnerait à l'instituteur principal de graves sujets de mécontentement, peut être renvoyé par les directeurs, sans avis préalable et sans indemnité. Si c'est lui-même, au contraire, qui désire se retirer, il doit en donner un avis préalable de six mois, ou payer un dédit qui ne peut excéder la somme de £ 6 (fr. 150).

IV. *Assistant teachers* et *Instituteurs provisoirement diplômés.*

Toute personne âgée de dix-huit ans ayant obtenu le

grade de *Queen's scholar* à la suite d'un engagement de *pupil teacher* ou après des études particulières; et toute personne du même âge munie d'un diplôme universitaire peut devenir instituteur-adjoint.

Les *pupil teachers* âgés de dix-huit ans accomplis, qui ont terminé leur engagement d'élève instituteur et passé l'examen de Boursier de la Reine de 1re classe (¹), peuvent, moyennant une recommandation de l'Inspecteur délivrée à raison de leurs aptitudes toutes spéciales, être reconnus en qualité d'instituteurs provisoirement diplômés. Ils ne reçoivent cependant pas de diplôme et ne peuvent occuper ces fonctions que jusqu'à l'âge de vingt-cinq ans (²). Ils perdront leur titre après cet âge, ou si, à deux reprises successives, l'inspecteur croit devoir se plaindre de l'inefficacité de leur enseignement; en aucun cas ils ne peuvent prendre la direction personnelle d'une école ni d'une classe de plus de 60 élèves.

V. *Certificated teachers.*

Personne ne peut obtenir le diplôme d'instituteur sans avoir subi, au sortir de l'école normale ou d'autres études, deux examens dont le programme est publié par les soins du Département sous le nom de *Syllabus of Examination.*

(¹) Voir au tableau, p. 161.
(²) Le projet de Code pour 1805-1806 propose de les y admettre jusqu'à l'âge de 26 ans.

Le 1er examen est accessible :

Aux étudiants qui ont fréquenté assidûment une école normale pendant au moins une année ;

Aux instituteurs provisoirement diplômés, âgés de plus de dix-neuf ans, ayant occupé leurs fonctions pendant au moins deux ans, et qui ont obtenu de l'inspecteur une recommandation spéciale ;

Aux instituteurs-adjoints qui ont enseigné pendant au moins un an sous la direction d'un instituteur diplômé dans une école primaire, ou dans un centre d'éducation pour *pupil tachers*.

Le deuxième examen, séparé du premier par un an d'intervalle au moins, est accessible :

A ceux qui ont passé le premier examen, ou qui, après en avoir été dispensés par le Département, ont passé deux années à l'école normale ;

A ceux qui après avoir passé le premier examen ont encore servi pendant un an comme instituteurs-adjoints et qui sont recommandés par l'inspecteur ;

A ceux qui ont passé deux ans à l'école normale, ou qui n'y ont fait qu'une année d'études, mais une année supplémentaire destinée à l'achèvement d'études antérieures incomplètes ;

Aux porteurs d'un diplôme universitaire qui ont passé le premier examen et qui se sont ensuite engagés comme instituteurs provisoirement diplômés.

Un troisième examen, absolument facultatif, est accessible uniquement aux normalistes que leurs directeurs ont spécialement recommandés au Département, dans le but de leur obtenir l'autorisation de faire une troisième année d'études avant de quitter l'école normale pour l'enseignement ; mention en est faite sur leur diplôme.

Quant aux deux premiers examens, ils sont obligatoires pour l'obtention du diplôme et les grades qu'ils confèrent sont de deux degrés. La seconde classe constitue le diplôme ordinaire ; la première classe de diplôme, qui ne se distingue de la seconde que par l'apposition d'un timbre spécial, donne à celui qui l'obtient qualité pour instruire les *pupil teachers* dans leurs centres d'éducation. Ce droit peut leur être retiré, s'ils sont l'objet d'un rapport défavorable de l'inspecteur. Chaque année, les directeurs de l'école doivent faire un rapport spécial sur la manière dont leurs instituteurs s'acquittent de leurs devoirs envers leurs *pupil teachers*.

Reste enfin le diplôme sur parchemin que peuvent seulement obtenir les instituteurs qui, après leur deuxième examen, restent en fonctions pendant deux années consécutives dans une école normale ou un centre de *pupil teachers*, de façon à mériter à la fin de chaque année un rapport favorable de l'inspecteur. Tout diplôme ainsi conféré ne peut être retiré par le Département, qu'après avoir donné à l'instituteur l'occasion de venir se défendre des accusations portées contre lui.

Le terme normal des études préparatoires aux fonctions d'instituteur est donc de quatre années en qualité de *pupil teachers*, suivies de deux ou trois ans d'école normale. L'aspirant peut alors entrer dans l'enseignement, mais il lui faudra encore au moins une année d'études avant d'être admis au deuxième examen d'instituteur qui lui conférera le diplôme. En tenant compte du fait que le *pupil teacher* n'est pas reconnu avant l'âge de quatorze ans, et que le premier examen d'instituteur ne peut se passer qu'après l'âge de dix-neuf ans, on voit que la loi anglaise, sans l'avoir jamais expressément formulé, n'admet cependant pas les candidats au diplôme avant l'âge de vingt ou vingt et un ans. Il eut été bien plus simple de le dire et d'organiser ces examens d'une manière uniforme, mais cela n'aurait plus été une loi anglaise : les lois britaniques, en effet, se bornent en général à prévoir et à résoudre autant de situations de fait différentes que le législateur peut en apercevoir à distance dans l'avenir et à ses côtés dans le présent.

§ II. — Le Personnel Scolaire. *School Staff.*

Une des conditions essentielles exigées par le Code pour que le Gouvernement reconnaisse à une école primaire la qualité d'école publique, c'est que le personnel enseignant soit proportionné au nombre des élèves. A cet effet, les noms de tous les instituteurs doivent figurer au livre journal de l'école (*log book*) avec la signature des directeurs, et tout changement doit y être mentionné de même ; ensuite copie du tableau doit être envoyée au Ministère.

L'article 73 du Code détermine le chiffre minimum du personnel d'une école primaire ou, si l'on veut, le maximum d'élèves qu'un seul instituteur peut avoir sous sa direction, et il le fixe comme suit :

1 instituteur *principal* diplômé. . . = 60 élèves.

1 instituteur *diplomé* supplémentaire, adjoint au précédent après avoir passé un an à l'école normale. . . . . = 70 élèves.
Si non, il ne vaut que pour . . . . = 60 —
1 *assistant teacher*. . . . . . . = 50 —
1 *additionnal teacher* ⎱
ou ⎬ . . . . . = 30 —
1 *pupil teacher* ⎰
1 *candidate on probation* . . . . = 20 — (¹)

Ces chiffres du maximun légal des élèves correspondent non pas au nombre d'enfants inscrits sur les registres de l'école, car ce calcul serait ruineux pour les directeurs, mais au nombre d'élèves qui sont habituellement réunis, à l'*average attendance*. C'est ainsi qu'il peut arriver à certains jours que le nombre d'enfants réunis dépasse ce maximum par exception, ou que cela se produise même régulièrement pendant une saison. La loi ne s'en offense pas, mais le Département recommande (²) que le nombre d'enfants ordinairement présents ne dépasse pas plus de 15 p. c. le maximum légal, parce que, dit une circulaire ultérieure, ce minimum de personnel que la loi tolère est loin d'être considéré comme suffisant pour donner de bons résultats à l'inspection.

Une défection sérieuse et permanente dans le chiffre minimum du personnel entraîne pour l'école une réduction de subside de 10 sh. (fr. 12.50) par élève,

---

(¹) A partir du 1ᵉʳ septembre 1895, les chiffres de 70, 60 et 50 seront respectivement abaissés à 60, 50 et 45, de manière à augmenter encore le personnel scolaire.

(²) *Minute* du 17 avril 1894.

opérée mensuellement par douzièmes, à moins qu'il n'y soit immédiatement porté remède, soit par la nomination d'un nouvel instituteur, soit par celle d'un moniteur *ad interim,* en qualité de *pupil teacher.* Ce dernier devra être remplacé par un instituteur dûment qualifié pour les fonctions vacantes au plus tard le premier jour de l'année scolaire suivante.

§ III. — Traitements et pensions.

Les traitements ne sont l'objet d'aucune disposition légale et sont fixés par la convention avenue entre les directeurs et l'instituteur qu'ils engagent. Les pensions furent supprimées à partir de 1862 jusqu'en 1875, et rétablies à cette époque par Lord Sandon, l'auteur de la loi de 1876, sur les instances de M. Whitwell, membre du Parlement.

Elles sont accordées aux personnes qui étaient employées dans l'enseignement ou qui étaient élèves d'une école normale à la date de la suppression des pensions (9 mai 1862), et que la maladie ou l'âge empêche de poursuivre leur carrière. Il faut naturellement qu'elles soient instituteurs diplômés ; l'âge de la retraite est fixé à soixante ans pour les hommes et à cinquante-cinq ans pour les femmes.

De plus, l'école où ils enseignent, doit avoir été reconnue et inspectée par le Gouvernement depuis au moins sept ans, et les candidats à la pension doivent être recommandés par leurs directeurs et par l'inspecteur.

Ces conditions sont déterminées par le Code, *as a*

rule, en règle générale ; ces mots laissent au Département la faculté d'y déroger exceptionnellement, dans des circonstances dont il est seul juge.

Le nombre de pensions que le Ministère peut accorder chaque année est de 453 ([1]), dont l'importance varie :

33 pensions de £ 30 (fr. 750) . .	24,750	francs.
170 — £ 25 (fr. 625) . .	106,250	—
250 — £ 20 (fr. 500) . .	125,000	—
453	256,000	—
Il faut y ajouter quelques gratifications	8,500	—
portant le budget des pensions au maigre chiffre de	264,500	—

Le Ministre ne peut jamais dépasser ce chiffre établi par le Code. Quelque dérisoire qu'il soit, il est peu probable qu'il doive être considérablement relevé avant longtemps, car ce n'est qu'au prix des plus grands efforts que le Vice-Président actuel a pu, depuis son entrée en fonctions, augmenter, en 1893, le budget des pensions, de la somme de fr. 125,000, par l'octroi des 250 pensions de £ 20, et il est fort à craindre que la générosité du Ministre des Finances soit épuisée à l'égard des anciens instituteurs.

([1]) Le projet du Code d'Éducation pour 1895-1896, déposé au Parlement le 27 février dernier par M. Acland, porte à 510 le nombre de pensions disponibles, en élevant le chiffre de ce budget à fr. 500,000.

Le Département peut cependant accorder des pensions aux instituteurs qui auraient rempli toutes ces conditions et seraient en fonctions depuis 1851. Celles-ci, il peut les dispenser à discrétion, sans que le Code en limite le nombre, mais non pas sans que la Trésorerie lui en fournisse les fonds ; et cela diminue singulièrement leur importance.

Toutes ces pensions se soldent par semestre, mais les intéressés en réclament le paiement trimestriel ; ce qui serait certainement une bienfaisante innovation.

TROISIÈME PARTIE

CRITIQUE DES LOIS SCOLAIRES ANGLAISES. STATISTIQUE.

CHAPITRE PREMIER

Le *School Board*.

Les principes de la loi de 1870 et des lois subséquentes ont été admirablement résumés par le Cardinal Manning en ces termes :

« 1° L'Instruction doit être universelle et se développer concurremment avec les besoins de la population, soit par des écoles libres, soit au moyen d'écoles soutenues par une taxe publique ;

« 2° Cette taxe sera levée partout où les écoles existantes ne suffiront pas aux besoins de la population, parce qu'elles sont trop restreintes, trop arriérées ou que la rétribution exigée des élèves n'est pas en rapport avec la condition sociale des enfants qui les fréquentent. L'administration du produit de cette taxe sera confiée à un *board* élu par les contribuables ;

« 3° Le niveau de l'instruction doit être relevé dans la mesure que réclament les progrès de la société actuelle ;

« 4° Toute école soutenue au moyen d'une taxe locale ou d'un subside du Gouvernement sera inspectée par lui ;

« 5° Cette inspection sera conforme aux minutes du Comité du Conseil Privés anctionnées par le Parlement ;

« 6° L'instruction sera obligatoire et pourra être gratuite. »

M. Forster, auteur de la loi de 1870, disait au Parlement :

« Notre but est de compléter le système d'écoles
» libres actuellement en vigueur, d'en combler les
» lacunes en nous passant de l'argent du public dans
» la mesure du possible, et en procurant autant que
» nous le pourrons l'assistance des parents et un bon
» accueil au dévouement des hommes charitables qui
» se consacrent à l'enseignement (¹). »

De même, M. Gladstone, le chef du Gouvernement qui introduisit le *bill* de 1870, déclarait, dans les séances des 24 et 28 juillet 1870, que « si nous ne
» profitons pas du grand bienfait que nous offrent les
» écoles libres existantes, si nous traitons ces établis-
» sements comme des institutions qu'il faut proscrire,
» ou dont, au pis aller, il ne faut tolérer la présence

(¹) Hansard's. Vol. CXCIX, p. 445.

» que parce qu'elles existent, si nous devons les
» traiter dans un esprit étroit, hostile et vexatoire,
» comme des choses que notre dignité ne nous permet
» pas de reconnaître, d'honorer et d'encourager, quel
» principe invoquerons-nous pour justifier une pareille
» attitude? L'instruction séculière qu'elles donneront
» sera sévèrement examinée par le Gouvernement,
» et, quoiqu'elle doive leur coûter plus cher qu'au-
» jourd'hui, elle deviendra moins coûteuse pour le
» public. Comment voulez-vous dès lors refuser de
» les adopter? Une part importante du but de la pré-
» sente loi, dans les intentions du Gouvernement,
» c'est de procurer un appui toujours plus efficace
» aux écoles libres. »

Telles étaient en effet les intentions du Gouvernement et certes jamais personne n'eût songé à s'élever contre ces nobles idées, si leur réalisation était restée la hauteur de leur libérale conception.

Voyons comment elles furent mises en pratique.

La passion de la race anglaise pour les institutions représentatives devait inévitablement pousser ses législateurs à confier l'administration de la taxe scolaire à un corps élu par les contribuables. C'est ainsi qu'ils furent amenés à créer un nouveau rouage de *self government*, le *School board*, entièrement distinct et indépendant de tous ceux qui existaient déjà sous la forme de conseils municipaux de bourgs et de conseils de paroisse. Ils croyaient sans doute que le désintéressement des candidats, le bon sens des électeurs et le sentiment de la haute mission sociale que leur conférait la nouvelle loi, auraient contribué à la constitution de *boards* réellement dignes de la tâche délicate que leur assignait l'esprit du législateur. L'événement sembla leur donner raison, du moins pendant les premières années et pour les administrations scolaires des grands centres de population, particulièrement pour Londres.

« Un grand conseil d'Éducation a été élu pour la
» métropole, écrivait M. Hippeau en 1872. Des
» Pairs, des membres du Parlement, des hommes
» considérables et des dames d'un rang élevé briguè-
» rent cette charge avec autant d'ardeur que s'il se
» fût agi d'un siège au Parlement. Le président du
» conseil est un membre de la Chambre des Lords,
» ancien gouverneur de l'Inde. C'est aujourd'hui une
» sorte de Parlement scolaire (*Educational Parlia-*
» *ment*) dont les discussions sur les matières d'ensei-
» gnement attirent d'une manière remarquable l'at-
» tention publique ([1]) ».

« Le premier *Board*, dit encore un écrivain an-
» glais, était présidé par Lord Lawrence, un homme
» d'une si haute dignité que pas un soupçon de pré-
» jugé ne pouvait l'atteindre. De sa situation élevée
» d'ancien gouverneur des myriades de nos conci-
» toyens de l'Inde, il regardait autour de lui sans
» aucune prévention, les factieux se taisaient en sa
» présence, et tout ce qui était étroit, vil et mesquin
» tremblait sous ses regards. Doué de convictions
» aussi fermes, d'une piété aussi fervente, d'une

([1]) HIPPEAU. *L'instruction publique en Angleterre*. Paris, 1872.

» perspicacité aussi pénétrante que jamais homme
» n'en eut, il joignait à ces précieuses qualités celle
» de n'être d'aucun parti. Il réalisa l'idéal d'un sou-
» verain constitutionnel et se consacra à la tâche de
» sauver les enfants de la perdition et de l'abandon
» avec le même dévouement inaltérable qu'il avait
» apporté au Gouvernement d'un vaste empire. Ces
» traditions se perpétuèrent avec ses successeurs,
» M. Tabrum, le Révérend John Rodgers et Huxley,
» l'illustre *educationist* (¹) ».

Mais, hélas ! cela ne devait pas durer longtemps !

« Toutes choses deviennent des questions de parti,
» disait un jour le cardinal Manning. Rien n'est
» sacré, rien n'échappe aux souillures de l'esprit de
» parti. Plus rien ne s'envisage sous le jour de ses
» mérites intrinsèques. Les intérêts les plus vitaux
» de notre bien-être public et privé ne sont plus con-
» sidérés qu'avec l'arrière-pensée de s'en servir pour
» renverser un Gouvernement ou un parti. »

Lorsque le *School board* de Londres, imitant l'exemple des petites administrations rurales, se lança dans cette voie, Huxley quitta la présidence, et la leçon qu'il donnait ainsi ne fut pas perdue. Depuis lors, les hommes éminents se tinrent plus ou moins à l'écart, jusqu'au jour où M. Diggle accepta un mandat et la présidence, en 1885. Mal lui en prit de vouloir s'élever au dessus des querelles de parti : la majorité des conservateurs qui était entrée au *board* à sa suite en 1891, fut réduite, aux dernières élec-

---

(¹) *Politics of Education*, p. 50.

tions du mois de novembre 1894, au nombre de trois; M. Diggle dût quitter la présidence et y appeler un conservateur, choisi en dehors de l'assemblée, lord George Hamilton, renforçant ainsi d'une voix sa majorité qui périclitait sous les assauts des progressistes-radicaux (¹).

L'âpreté des luttes qui précèdent l'élection d'un *School board* et les frais qu'elles comportent pour les candidats, ont contribué à écarter du scrutin une foule d'honnêtes gens. L'apathie des indifférents est encore venue augmenter le nombre des défections, et c'est ainsi que la Commission Royale de 1885 a dû constater dans son enquête que souvent plus du quart des électeurs s'abstiennent de voter. Lord Brougham semblait avoir prévu cette situation de longue date lorsqu'il disait à la Chambre Haute, en 1854 : « L'In-
» struction publique est une de ces questions dont
» on dit souvent qu'elles sont vitales et qui ont ceci
» de particulier que personne ne s'en soucie! »

Nous avons vu que la loi de 1876 essaya de remédier au mal en instituant en face du *School board,* le *School attendance committee,* mais la situation ne s'améliora pas sensiblement.

Sans doute, l'électeur ne pouvait plus choisir directement le candidat qui avait acheté son vote et il ne devait plus lui confier pour trois ans la direction souveraine de l'Instruction publique de son district. Mais le *School attendance committee* n'en était pas moins une émanation du conseil municipal ou du *Board of*

(¹) *Voir* la note 1, p. 177.

Guardians, et il devait inévitablement recevoir le contre coup de la lutte qui avait précédé l'élection de ces administrations ; sans compter que leurs membres ne sont pas plus que d'autres à l'abri du favoritisme et de l'intrigue.

En fait, dans la généralité des *School boards* on rencontre le *Squire*, seigneur de l'endroit, puis le clergyman anglican de la localité, avec son collègue de la confession dissidente la plus considérable, et, enfin, quelques commerçants ; l'élément féminin y compte rarement plus d'un ou deux représentants. L'importance respective des partis politiques ne s'y manifeste que très approximativement, mais il est rare que les électeurs nomment un candidat à cause de ses aptitudes d'*educationist*. En général, leur choix se porte sur celui qui promet d'être le plus économe dans son administration et de voter la taxe la moins lourde. Dans les grands *boards* des districts industriels du centre de l'Angleterre, où l'importance des confessions religieuses dissidentes est très grande, leurs adhérents obtiennent, au moyen de leur forte organisation politique, une part de représentation très respectable. Ailleurs, au contraire, les catholiques sont généralement exclus, et, parmi les protestants les *churchmen* dominent (¹).

(¹) A Londres, aux dernières élections, la majorité conservatrice faillit être renversée, parceque les Progressistes Radicaux l'avaient accusé d'avoir violé l'*Act* de 1870, afin d'imposer aux instituteurs du *London School Board* l'enseignement d'une religion confessionnelle; on alla même jusqu'à lui reprocher

Lorsque le Département d'Éducation s'enquiert aujourd'hui des besoins d'un district scolaire, c'est naturellement le *School board* qui lui fournit la réponse. Ou bien le *board* a depuis longtemps prévu l'enquête, ce qui n'est guère difficile en présence du développement constant des localités industrielles, et il a acheté à bas prix les terrains où il se propose d'ériger des écoles. Le jour où le Ministère fait sa

de vouloir pactiser avec Rome et de se rendre coupable de *Popery*.

En réalité, MM. Diggle et Athelstan Riley s'étaient contentés d'envoyer aux instituteurs une circulaire par laquelle ils leur recommandaient d'observer strictement l'art. 7 et l'art. 14 de l'*Act*; ils leur laissaient pleine liberté dans le choix d'hymnes se terminant par la Doxologie, et de prières autres que l'Oraison Dominicale. Mais ils prohibaient strictement l'enseignement d'une doctrine qui nierait la Divinité du Christ.

Somme toute, en agissant ainsi, ils étaient parfaitement d'accord avec les intentions qu'avaient exprimées en 1870, M. Forster, vice-président du Comité d'Éducation, et M. Cowper Temple, l'auteur de l'art. 14. D'après eux, la religion dont l'enseignement se trouve réglé par les art. 7 et 14 est la religion chrétienne, basée sur les dogmes fondamentaux de la Sainte-Trinité et de la Divinité du Christ. Aujourd'hui encore, le Département d'Éducation admet que ces articles ne prohibent nullement l'enseignement du Symbole de Nicée, de l'Oraison Dominicale et du Décalogue.

La circulaire du *London School Board* exemptait d'ailleurs du devoir de l'Instruction Biblique les *teachers* à qui leurs convictions ne permettraient pas de s'en acquitter suivant ce programme, en les assurant que cela ne porterait aucun préjudice à leur situation; la même garantie était donnée aux candidats instituteurs.

demande, on lui répond : il est inutile de soutenir des écoles libres du district, le *board* a fait le nécessaire et avant un an nous aurons doté le district des écoles qui lui manquent encore. — Ou bien le Département, prenant fait et cause pour les administrations officielles, refuse sans examen les offres des particuliers, et réserve au *board* seul le droit d'ériger de nouvelles écoles reconnues ; avis est donné aux fondateurs d'écoles libres qu'ils ne doivent compter sur aucun subside, parce que leurs écoles ont été jugées inutiles (*unnecessary*), et, il ne leur reste que la liberté de se ruiner pour avoir voulu rendre un service désintéressé à leurs concitoyens.

D'autres fois encore, quand les écoles libres du disdrict sont déjà subsidiées, le *board* juge bon d'agrandir les siennes, avec ou sans raison, aux frais des contribuables, puis il avertit le Département que les écoles libres sont devenues *unnecessary* dans le district, et on leur coupe les vivres sans autre forme de procès, sans même se donner la peine d'examiner si ce ne sont pas plutôt les nouvelles installations du *board* qui sont un luxe *unnecessary*.

Déjà en 1888 la Commission Royale exprimait ses griefs à ce sujet, en formulant un vœu pour qu'à l'avenir la décision de ces questions fût réservée au ministère lui-même et non pas aux *boards*, qui sont trop enclins à les résoudre à leur profit.

La Commission eût beau dire, la jurisprudence administrative n'en persista pas moins, grâce aux tendances sécularistes de certains ministres de l'Instruction publique. Au lieu que le système des *School boards* soit destiné « à combler les vides », comme disait M. Forster, nous constatons aujourd'hui, de l'aveu même de l'un de ses partisans les plus convaincus, M. Dale, « que l'application de la loi s'est faite dans le but de remplacer toutes les écoles libres par des écoles officielles. » (¹)

Lorsqu'une école libre cesse d'être reconnue par le Département d'Éducation, elle ne se trouve pas seulement privée de tout subside, mais encore la tare que lui inflige ce désaveu devant l'opinion publique diminue considérablement ses autres ressources. Les souscriptions qu'elle recueillait ne tardent guère à décroître, si bien qu'elles deviennent insuffisantes à l'entretien de l'école ; car un accroissement de la taxe scolaire au profit du *board* a toujours pour effet de diminuer le budget de la charité privée. Il faut alors, ou bien fermer l'école, et c'est la ruine du directeur et des instituteurs ; ou bien la transférer au *board,* et c'est la ruine morale de l'institution. La plupart de ces établissements doivent leur création à une intention pieuse, ils sont fondés au profit des enfants d'une confession religieuse déterminée, et leur

---

(¹) *The system is certain to supersede the schools of the Denominationalists.*

Cela était très vrai il y a quelques années, mais actuellement la politique du vice-président, M. Acland, se modifie sensiblement à l'égard des écoles libres. Loin de maintenir l'attitude presque hostile qu'il avait envers elle au commencement de son ministère, il a présidé lui-même dernièrement à l'inauguration d'une école libre à Woolwich et en a chaleureusement félicité les fondateurs. (16 mars 1893).

transfert au *board* va les placer sous le régime de la clause de conscience.

La Commission Royale n'a pas manqué de signaler cette violation des fondations d'enseignement, mais le texte précis de la clause de conscience semble s'opposer à ce qu'il y soit apporté aucun remède.

CHAPITRE II

La Taxe scolaire.

Lorsque M. Forster soutint la loi de 1870 au Parlement, il déclara que, dans la très grande majorité des cas, la taxe que devraient lever les *School boards* pour subvenir à leurs dépenses ne dépasserait pas 3 *pence* par livre sterling de revenu imposable (30 centimes par 25 francs).

Il est facile de se convaincre du peu de fondement de cette prophétie. En effet, nous constatons dans le dernier Rapport du Département d'Éducation que dans 86 $\frac{1}{2}$ p. c. des localités en Angleterre, et 89.2 p. c. au Pays de Galles, la taxe scolaire excède le chiffre de 3 *pence* par livre sterling, et que dans certaines circonscriptions elle atteint le chiffre de 2 ou 3 shellings par livre sterling, c'est-à-dire plus de 10 p. c. du revenu imposable; tandis qu'elle ne reste inférieure à 3 *pence* par livre sterling que dans 13.5 p. c. des districts anglais et 10.8 p. c. des districts gallois. En 1883, la moyenne de la taxe pour toute l'Angleterre était de 5.5 *pence* par livre sterling, et sur 2,089 localités, 355 seulement, c'est-à-dire moins de 17 p. c., avaient pu maintenir leur taxe à la limite de 3 *pence* (¹).

Dans les toutes dernières années, malgré l'institution du *fee grant* qui a garanti aux écoles un revenu minimum de fr. 12.50 par élève du seul chef de la rétribution scolaire, et malgré l'augmentation croissante des subsides parlementaires, nous constatons que la taxe scolaire s'est constamment élevée. En 1891 elle était de 8.1 *pence;* en 1892, de 8.5 *pence;* en 1893, de 8.8 *pence* par livre sterling en Angleterre (²). Au Pays de Galles, pour les mêmes années, elle s'élevait à 7.7 *pence,* 9.9 *pence* et 8.1 *pence* par livre sterling. A eux seuls, les paiements de l'intérêt des emprunts contractés par les *boards* exigent le vote d'une taxe moyenne de 2.9 *pence* par livre sterling.

Le total du produit de la taxe pour l'année 1893-1894 a été de fr. 90,122,575. C'est-à-dire que pour chaque enfant qui reçoit l'instruction dans une *Board school*, les contribuables anglais paient en moyenne fr. 24.72 ; tandis que dans une école libre l'instruction lui est donnée pour la modique somme de fr. 8.25, au moyen de souscriptions volontaires. Ces deux derniers chiffres sont naturellement établis, abstraction faite de la part des dépenses que le Gouvernement supporte par ses subsides (³).

(¹) *Discours de M. Henry Temple.* 7 juin 1885.

(²) De 1885 à 1893 la taxe moyenne pour toute l'Angleterre s'était donc élevée de 5.5 à 8.8 *pence* par £ de revenu.

(³) *Report of the committee of council,* 1893-1894, pp. XXXVII et suivantes et 696 à 705.

Quelle est, d'autre part, la situation des écoles libres?

Un mot la résume : elles ne reçoivent rien. Depuis qu'elles existent, pas un centime ne leur a été donné qui provînt d'une taxe levée par les autorités locales, tandis que les *boards* trouvent au service de la concurrence qu'ils leur font une arme dont seuls ils limitent la puissance. En effet, la loi n'a pas déterminé le maximum de la taxe scolaire imposable par le *School board,* et le Département d'Éducation approuve généralement les projets de taxation qui lui sont soumis.

Sans doute, les écoles libres restent l'œuvre préférée des souscripteurs généreux; mais qui ne sait qu'il est des limites toujours trop étroites à la charité la plus inépuisable? Sans doute encore, elles exigeaient jusqu'en 1891, une rétribution scolaire généralement plus élevée que les écoles officielles; mais le *School board* a toujours eu soin d'attirer dans ses classes confortablement aménagées les enfants les plus convenables et les mieux soignés de la localité. Et quand il s'y présente de petits malheureux en guenilles, on prétexte un encombrement dangereux pour l'hygiène, et on les envoie frapper à la porte des écoles libres où on les reçoit par pitié.

Aujourd'hui cette situation s'est légèrement améliorée depuis la loi de 1891, et beaucoup d'écoles libres ont vu s'accroître leurs ressources, depuis que la gratuité de l'instruction leur procure un subside du Gouvernement, bien mince, mais assuré, au lieu de rétributions hypothétiques. Les Catholiques surtout ont bénéficié de cette loi, parce que depuis longtemps la condition sociale des enfants qu'ils accueillaient dans leurs écoles, ne leur permettait plus d'exiger une rétribution scolaire, même dérisoire. A Londres particulièrement (nous avons pu nous en convaincre maintes fois *de visu*), elles sont devenues le refuge de tous les petits malheureux trop pauvres ou trop abandonnés pour que l'administration du *board* daigne s'en occuper, et il n'est pas rare d'y rencontrer des enfants qui ont été rejetés par d'autres écoles libres protestantes (¹).

Que fait-on de cette vaste somme d'argent prélevée par le *School board* ?

(¹) Dans un intéressant ouvrage, intitulé : *Labour and Life of the People*, M. Charles Booth consacre un chapitre à la condition sociale des enfants qui fréquentent les écoles primaires de Londres. Il les a rangés en trois catégories : classe aisée, classe pauvre, classe des abandonnés semi-criminels ; et il a dressé le tableau de leur répartition entre les différentes écoles de Londres :

	Écoles anglicanes.	Board schools.	Écoles catholiques.
Classe aisée.	73.9 p. c.	39.9 p. c.	30.5 p. c.
Classe pauvre.	19.6 p. c.	45.8 p. c.	46.0 p. c.
Classe des abandonnés semi-criminels	6.5 p. c.	14.3 p. c.	23.5 p. c.

De même, nous relevons la statistique suivante dans l'un des derniers rapports du Département d'Éducation, publiés avant le vote de la loi de 1891 sur l'instruction gratuite :

Proportion des enfants admis gratuitement dans les écoles primaires de tout le pays :

Écoles Wesleyennes.	0.5 p. c.
— Anglicanes	2.0 p. c.
Board schools	0.6 p. c.
Écoles catholiques	15.0 p. c.

Nous ne prétendons pas que la majorité des *boards* administre les deniers publics dans un esprit de dilapidation. Mais dans les grandes villes d'Angleterre, il en existe plusieurs dont les dépenses atteignent un chiffre qui semble parfois peu justifié. Un seul exemple nous suffira pour en donner une idée.

En 1885, M. Boston Bourke dans une séance du *board* de Londres révéla les faits suivants : La taxe scolaire augmentait à raison de 5 millions par an. Chaque année le *board* dépensait plus de 37 millions (subsides y compris) au profit des 75 millièmes de la population scolaire de la métropole, et l'accroissement du nombre de leurs élèves ne correspondait qu'aux 45 centièmes de l'augmentation de leurs dépenses. Dans 18 écoles on constatait un excès de places disponibles se chiffrant par 1854, c'est-à-dire, en moyenne 100 de trop par école. 10 écoles furent bâties pour contenir 8,654 enfants; 5,432 places y restèrent inoccupées; l'une d'elles, construite pour 799 enfants n'en recueillit pas plus de 200, et son entretien coûta 167 francs par élève. Sur les deux millions affectés à des constructions, 310,000 francs avaient passé en honoraires d'architecte et frais de justice. « Beaucoup » de ces écoles, disait M. Bourke en terminant, sont » érigées pour ruiner de bonnes écoles libres, con- » trairement à la volonté des citoyens, et sans aucune » nécessité (¹).

(¹) *Politics of Education.* VI. *School Management.*

CHAPITRE III

Les subsides du Gouvernement.

Le premier reproche que l'on peut faire à l'organisation du subside parlementaire vise la limite que lui impose la loi. On se rappelle que le maximum de cette subvention est déterminé par le chiffre des revenus de l'école, abstraction faite des secours de l'État, ou par le chiffre de 17 ½ sh. (fr. 21.85) par élève, si le revenu reste inférieur à ce taux.

Le fait que l'école libre ne peut opposer aux ressources inépuisables du *board* que des revenus essentiellement précaires, a produit dans la répartition des subsides parlementaires une véritable injustice.

Le *board*, en effet, peut, en agrandissant ses installations au moyen de l'argent des contribuables, augmenter le nombre des élèves qu'attirent naturellement ses locaux confortablement aménagés; il peut, au moyen de la taxe, accroître indéfiniment ses revenus, et cela lui permet de faire monter dans une égale proportion le subside parlementaire.

Au contraire, l'école libre ne reçoit de subside que dans la proportion du maigre revenu que lui procurent les souscriptions charitables, ou dans la mesure qu'autorise le maximum de fr. 21.85 par élève. La plupart de ces écoles sont établies dans des locaux quelconques, appropriés tant bien que mal à l'usage des élèves, et toujours trop restreints. Cette injustice se fait surtout sentir dans les localités peu populeuses et pauvres ; les *managers* de l'école libre y font des sacrifices énormes pour se procurer des installations qui répondent au vœu du Gouvernement, et, pour les en récompenser, on ne leur alloue qu'un subside modique, tandis que la loi semble avoir donné au *board* une véritable profusion de moyens pour élever le taux de ce qui peut lui revenir.

La Commission Royale d'Éducation s'en était bien rendu compte, et elle émit le vœu que la limite de fr. 21.85 par élève fut considérablement relevée. Mais le Gouvernement est resté sourd à ses plaintes, en partie à cause de l'opinion de certains Ministres de l'Instruction publique, peu favorables aux écoles libres, et en partie à cause de la répugnance qu'éprouvent les Ministres des Finances à grever leur budget de dépenses croissantes. Certains fonctionnaires du Département d'Éducation sont également peu disposés à augmenter les subsides du Gouvernement ; ils craignent, à tort ou à raison, que si l'État pourvoit à toutes les dépenses des écoles libres par une augmentation considérable de sa subvention, les administrateurs de ces écoles, qui sont pour la plus grande partie des ecclésiastiques, n'emploient au profit de leurs églises ou des autres œuvres de leurs paroisses, le profit des souscriptions charitables recueillies pour les écoles.

Quel que soit le fondement de cette appréhension, il ne semble pas qu'un accroissement modéré du subside parlementaire puisse faire l'objet des mêmes critiques.

Le second grief que l'on peut faire à la répartition des subsides est très bien formulé par M. Du Port, inspecteur général de la circonscription *East-Central* de l'Angleterre. Il se plaint avec raison de l'uniformité et du manque d'élasticité des conditions déterminées par le Code pour l'octroi des subsides. Il est inadmissible, dit-il en substance dans son dernier rapport, que ces conditions soient uniformes pour des régions aussi diverses que celles que comprend mon district d'inspection, purement agricole au sud, mixte au centre et exclusivement industriel au nord. Il voudrait que le Code laissât une plus grande liberté d'appréciation aux inspecteurs, au lieu de les guider dans l'exercice de leurs fonctions par des dispositions légales et des circulaires identiques, non seulement pour toutes les parties d'un district d'inspection, mais encore pour toute l'Angleterre [1].

Quant aux conditions spéciales de l'octroi du subside, il y en a quelques-unes qui méritent spécialement d'être critiquées.

1° *Les installations scolaires.*

Les inspecteurs sont unanimes à constater en beaucoup d'endroits des améliorations sensibles à cet égard,

---

[1] *Report*, pp. 72-75.

et le Rév. Sharpe, l'inspecteur général préposé au district métropolitain, signale en termes élogieux les efforts des écoles libres, et surtout ceux des écoles catholiques de Southwark, au sud de la Tamise, dans l'un des plus pauvres quartiers de Londres.

Mais tous également se plaignent du manque d'espace accordé aux enfants pour les exercices physiques et la récréation. Ils exigent, en se conformant aux instructions ministérielles, une cour à ciel ouvert, un hangar couvert en cas de mauvais temps, une salle de jeu pour l'hiver ; ils réclament des locaux pour le gymnase, un vestiaire et des lavoirs autant que possible bien éclairés et séparés pour les enfants des deux sexes, etc. (¹).

(¹) Les écoles dépendant du *London School Board* peuvent être citées comme des modèles sous ce rapport. Elles ne se font remarquer par aucun luxe extérieur, mais leur aménagement intérieur est des plus pratiques et des plus confortables. Les murs des corridors sont revêtus de briquettes de faïence extrêmement propres ; aucun escalier n'est construit en escargot, mais les volées en sont très courtes, assez larges et d'une inclinaison suffisamment modérée pour prévenir les chutes graves ; le pavement est entièrement fait en béton, de façon à prévenir toutes les chances d'incendie, et tous les plafonds sont voûtés. Ces bâtiments ont souvent une assez grande élévation afin de permettre à la lumière d'y entrer plus librement, et aussi parce qu'il importe de construire en hauteur afin de réserver le plus de place possible pour les préaux de récréation. L'éclairage, l'aérage et les installations sanitaires sont l'objet des soins les plus minutieux, et toutes les salles sont chauffées à la vapeur.

Dans quelques-unes de ces écoles, le *Board* a adopté le système de la coéducation des sexes, généralement suivi dans

Loin de nous la pensée de leur donner tort. C'est à l'école que l'enfant doit trouver l'hygiène que lui refuse le misérable taudis qui est son foyer. Mais le terrain coûte cher, extrêmement cher à Londres ; il faudrait pouvoir le couvrir d'or pour décider le propriétaire à céder les « maisons de rapport » qui font sa fortune. Le *board* s'en tire toujours au moyen de la taxe et de l'expropriation forcée ; mais le *manager* des écoles libres ne peut compter que sur la générosité des souscripteurs, que se disputent déjà des milliers d'œuvres, et lorsque l'inspecteur a constaté que ses desiderata n'ont pas été remplis, le Département peut biffer l'école de la liste des subsides. C'est une catastrophe et le *manager* n'a plus que la ressource de transférer son école au *School board,* dont le budget des dépenses subit une augmentation qui se traduit toujours par un accroissement proportionnel de la taxe scolaire.

Les effets désastreux de cette concurrence se font particulièrement sentir à l'égard des écoles libres dont l'institution remonte au delà de l'année 1870. Là plus qu'ailleurs les locaux sont insuffisants, le chauffage est mal aménagé et l'éclairage déplorable ; il ne peut y être remédié qu'au prix des plus grands sacrifices, et c'est ainsi, dit encore M. Du Port, que

---

les écoles des localités rurales de tout le pays. Les *managers* s'en déclarent satisfaits et assurent qu'il y a moins d'exemples d'immoralité parmi les enfants de ces écoles que là où les sexes sont strictement séparés ; seulement, ajoutent-ils, il faut avoir bien soin d'y accoutumer les enfants dès l'âge le plus tendre.

« les pionniers de l'Éducation sont les premières vic-
» times de la loi qui devait venir à leur secours (¹). »

2° *Le programme de l'enseignement primaire.*

Tous les inspecteurs se plaignent de l'encombrement du programme et de l'horaire des classes (*time table*).

D'autre part, les directeurs leur répondent que sans doute il est loisible à chacun d'entre eux de ne pas chercher à obtenir les subsides affectés aux diverses branches du programme facultatif : *class subjects* et *specific subjects*. Mais comment pourraient-ils se priver de l'appoint financier que ces cours facultatifs leur procurent? En fait, ils constituent une part si considérable du subside qu'une école peut obtenir, que les instituteurs sont moralement obligés de surcharger le programme de leur enseignement.

Ces réclamations firent tout récemment l'objet d'une députation des instituteurs au vice-président du Comité d'Éducation, mais il est peu probable qu'il y soit fait droit avant longtemps (²).

Au point de vue pédagogique, il serait peut-être intéressant d'analyser les nombreux rapports des inspecteurs sur le programme de l'instruction publique primaire; mais notre incompétence ne nous permet point d'entrer dans cette discussion. Contentons-nous seulement de remarquer que les inspecteurs se montrent généralement très satisfaits de la marche ascendante que suit le niveau scientifique de l'instruc-

(¹) *Report*, p. 78.
(²) *Times*, 10 décembre 1894.

tion primaire, et que la plupart d'entre eux émettent dans leurs derniers rapports les prévisions les plus encourageantes (¹). Ils insistent tout particulièrement sur le succès croissant des cours pratiques de cuisine, de lingerie et de laiterie pour les filles, ainsi que des cours d'exercices militaires (*military drill*) pour les garçons.

(¹) Voici la marche des progrès de l'Instruction Publique en Angleterre depuis 1843, manifestée par la décroissance du nombre de personnes qui ne savent pas signer le registre des mariages (*Statesman's yearbook*, 1895) :

ANNÉES.	ILLETTRÉS. Hommes.	Femmes.	ANNÉES.	ILLETTRÉS. Hommes.	Femmes.
1843	32.7 %	49.0 %	1890	7.2 %	8.3 %
1853	30.4 %	43.9 %	1891	6.4 %	7.3 %
1863	23.8 %	33.1 %	1892	5.6 %	6.6 %
1873	18.8 %	25.4 %	1893	5.0 %	5.6 %
1889	7.9 %	9.0 %	(Londres) 1891	5.7 %	5.0 %

CHAPITRE IV

Quelques chiffres.

Le dernier rapport du Gouvernement contient des tableaux de statistique extrêmement nombreux à propos des subsides et de la taxe scolaire ([1]), mais nous devons forcément nous borner à n'en reproduire qu'un très petit nombre.

La population actuelle de l'Angleterre est de 29 millions d'habitants. Les écoles sont construites pour en recevoir 5,762,617, tandis que les registres d'inscription ne portent qu'un total de 5,126,373 élèves ([2]). De ce nombre, 4,728,535 seulement furent présentés aux inspecteurs pendant l'année 1893-1894, mais le chiffre moyen des enfants qui ont fréquenté régulièrement l'école ne dépasse pas 4,100,030. Le nombre

---

([1]) Report, 1893-1894, pp. XLVI et suivantes, 704 à 740 et passim.

([2]) Ce total se décompose comme suit :
1.634.559 enfants au dessous de 7 ans.
3.279.992 — de 7 à 13 ans.
168.095 — de 13 à 14 ans.
43.727 — de plus de 14 ans.

des classes dirigées par un instituteur principal est de 29,804, formant 19,577 écoles, dont 4,972 sont des *board schools*, et 14,510 sont des *voluntary schools* ([1]).

([1]) La contradiction apparente qui existe entre ces chiffres et ceux que nous donnons dans le tableau I provient de ce qu'ici nous ne renseignons que les écoles qui ont été inspectées pendant l'année dernière, tandis que dans le tableau I nous donnons l'ensemble des écoles qui figurent sur la liste des subsides, *annual grant list*. L'art. 84 du Code d'Éducation permet en effet d'y maintenir les écoles qui pour une raison de force majeure n'auraient pas pu être inspectées pendant l'année.

I. — *Statistique de la proportion respective des divers revenus des écoles* officielles.

	ANGLETERRE.			PAYS DE GALLES		
	1890-1891.	1891-1892. ([1])	1892-1893.	1890-1891.	1891-1892.	1892-1893.
	P. C.	P. C.	P. C.	P. C.	P. C.	P. C.
Subsides . . .	26.2	38.2	40.2	33.9	47.9	51.0
Taxes	60.8	59.0	57.0	50.5	49.2	47.4
Rétribution et vente des fournitures.	11.6	1.3	1.1	14.9	1.8	0.7
Autres sources.	1.4	1.5	1.7	0.7	1.1	0.9

([1]) L'abaissement considérable de la rétribution et l'élévation de la proportion du subside sont dûs à l'institution du *fee grant* en 1891.

II. — Statistique des Écoles primaires publiques.

ÉCOLES.	NOMBRE d'écoles.	Classes dirigées par un instituteur principal diplômé ou une institutrice idem.					NOMBRE de places disponibles (accomodation)	NOMBRE d'enfants inscrits sur les registres	MOYENNE de la fréquentation journalière.
		Garçons.	Filles.	Mixtes.	Gardiennes.	TOTAL.			
Anglicanes	11,928	1,954	1,745	9,443	3,475	16,615	2,702,972	2,275,609	1,813,078
Wesleyennes . . .	522	36	30	484	251	801	207,254	175,883	135,206
Catholiques. . . .	970	241	222	722	460	1,645	359,024	275,741	215,521
Neutres (1)	1,290	206	157	1,023	431	1,817	389,965	318,444	252,592
Board schools . .	4,972	1,727	1,659	3,185	2,553	9,087	2,130,291	2,111,865	1,704,130
TOTAL . .	19,682	4,164	3,813	14,810	7,178	29,965	5,789,501	5,153,542	4,120,457

(¹) Il est bien entendu que le terme *neutres* ne signifie pas que ces écoles ne donnent aucun enseignement religieux à leurs élèves. Ces écoles sont simplement *undenominational*, c'est-à-dire que leur enseignement peut être assimilé à celui qui se donne dans les *board schools* en vertu de l'art. 14 *(Cowper Temple clause)*. Il n'y a qu'un très petit nombre d'écoles libres dans le centre de l'Angleterre, où aucun enseignement religieux n'est donné aux élèves; mais le rapport du Gouvernement ne fait pas allusion à ce détail, dont la constatation ne rentre pas dans son domaine.

III. — *Total des revenus annuels des écoles primaires publiques.*
Évalués en livres sterling.

ÉCOLES.	PRODUIT des fondations.	TAXE.	DONATIONS.	Rétribution scolaire.	PRODUIT des fournitures classiques.	Fee Grant. (Loi de 1891.)	SUBSIDES annuels de l'État. (1891-1892)	SUBSIDE spécial du Ministère des Sciences et Arts.	Autres sources.	TOTAUX.
Anglicanes	135,436	»	617,878	162,185	19,795	768,717	1,538,199	45,056	57,949	3,345,213
Wesleyennes	760	»	18,144	57,519	5,706	58,046	190,136	4,801	1,395	246,539
Catholiques	2,761	»	88,031	7,140	2,000	92,587	180,692	4,351	1,890	379,452
Neutres	18,113	»	85,771	44,957	7,557	108,471	226,309	8,880	3,622	501,660
Boardschools	2,704	1,705,621	1,425	54,803	15,306	725,595	1,514,981	66,761	27,033	4,113,213
TOTAL	159,774	1,705,621	808,949	306,614	50,416	1,753,346	3,599,619	129,829	71,889	8,586,057
	fr. 42,640,525					fr. 43,833,650	fr. 88,990,475			fr. 214,651,425

IV. — *Total des dépenses annuelles des écoles primaires publiques.*

En livres sterling.

ÉCOLES.	TRAITEMENTS	FOURNITURES et installations sanitaires et autres.	DIVERS.	TOTAUX.
Anglicanes..	2,603,461	210,387	565,781	3,379,629
Wesleyennes.	200,802	16,606	37,681	255,089
Catholiques..	262,816	25,889	94,454	383,159
Neutres ...	394,460	31,966	86,140	512,572
Board schools	3,149,781	245,059	715,570	4,110,410
TOTAUX...	6,611,326	520,907	1,499,626	8,640,859
				21,6021,075 fr.

V. — *Moyenne des revenus et dépenses par élève dans les écoles de jour.*

En francs.

ÉCOLES.	REVENUS.	DÉPENSES.
Anglicanes	46.15	46.75
Wesleyennes	45.15	46.70
Catholiques	41. »	44.45
Neutres..........	48.75	49.90
Board schools.....	60.15	60.15
TOTAL...	51.83	52.22

VI. — *Statistique moyenne par élève.*

En francs.

ANNÉES.	COUT.		SUBSIDE.		RÉTRIBUTION (¹).		REVENU.	
	Écoles libres.	Board schools.	Écoles libres.	Board schools.	Écoles libres.	Board schools.	Écoles libres. — Donations.	Board schools. — Taxe.
1872	34.30	35.45	14.75	11. »	10.90	9.30	9.05	12.57
1891	47.05	58.02	22.50	23.40	13.90	11.37	8.57	25.60
1893	46.80	60.15	22.65	23.62	2.90	0.85	8.33	24.72

VII. — *Statistique moyenne par élève à Londres en 1893-1894.*

En francs.

Coût.		Revenu.		Rétribution.		Fondations.		Divers.		Fee Grant.	
Écoles libres.	Board schools.	Écoles libres. — Donations.	Board schools. — Taxe.	Écoles libres.	Board schools.	Écoles libres.	Board schools.	Écoles libres.	Board schools.	Écoles libres.	Board schools.
55.45	82.10	11.72	46.12	5.95	0.05	3.40	»	1.45	1.45	0.80	10.90

(¹) L'abaissement de la rétribution scolaire en 1893 est dûe à l'effet du *fee grant* institué par la loi de 1891.

Remarquez aussi que tandis que les donations aux écoles libres suivent une marche décroissante, la taxe scolaire des *boards* suit une progression accentuée.

VIII. — *Statistique comparée du coût moyen de l'instruction primaire d'un enfant en 1893 et de la façon dont il y est pourvu.*

En francs.

1893	ANGLETERRE sauf Londres.	PAYS DE GALLES.	LONDRES.
Board schools	53.20	54.22	82.27
Écoles libres	46.25	45.65	55.42
SUBSIDE ANNUEL.			
Board schools	23.07	23.17	—
Écoles libres	22.65	22.50	—
AUTRES SOURCES DE REVENU			
Des *Board schools* :			
Taxe	17.95	19.80	46.12
Rétribution	1.12	0.60	0.03
Fondations	0.05	0.02	—
Divers	1.40	0.82	1.45
Fee grant	10.70	10.70	10.00
Des écoles libres :			
Donations	8.27	0.00	11.72
Rétribution	2.80	0.77	5.05
Fondations	1.50	1.80	3.40
Divers	1.05	0.80	1.45
Fee grant	10.65	10.75	9.80

IX. — *Statistique des écoles libres inspectées au point de vue de l'efficacité de leur enseignement.* — Certified Efficient Schools. (*Art. 48 de l'Act de 1876.*)

ÉCOLES	NOMBRE	Nombre des classes dirigées par un instituteur spécial.					Classes reconnues.			Nombre d'instituteurs.		Nombre d'élèves présents le jour de l'inspection.			Nombre d'élèves habituellement présents. Average attendance.	Nombre d'élèves inscrits sur les registres.	Nombre de places disponibles. Accomodation.
		Garçons.	Filles.	Mixtes.	Gardiennes.	Total.	Efficaces.	Conditionnellement efficaces.	Inefficaces.	Diplômés.	Non diplômés.	Garçons.	Filles.	Total.			
Anglicanes.	117	15	12	82	21	128	122	1	5	50	85	2,323	2,527	4,830	4,105	5,309	9,943
Wesleyennes.	19	»	»	12	»	12	12	»	»	1	1	49	50	99	91	116	264
Catholiques.	18	1	»	17	»	18	17	»	1	7	11	225	206	451	564	435	1,309
Neutres.	32	7	4	20	8	30	38	»	1	18	25	1,242	1,106	2,318	2,088	2,544	4,625
Total.	169	21	16	121	29	187	179	1	7	76	118	3,839	3,869	7,738	6,708	8,424	16,141

CHAPITRE V

La question religieuse.

Dans les écoles libres, la loi permet l'enseignement de la Religion, sans aucune distinction de dogme ou de confession, mais le Gouvernement ne paie de ce chef aucun subside ; de plus, il exige que cet enseignement soit organisé au point de vue de l'horaire des classes, de telle façon que les enfants qui ne professent pas la religion de l'école ne soient pas obligés d'y assister, *conscience clause*.

Dans les écoles officielles, la question de savoir si l'enseignement de la Religion figurera au programme ou en sera exclu, est laissée à l'appréciation du *School board*. Que s'il est donné, il est soumis à la même clause de conscience que dans les écoles libres et ne peut jamais affecter un caractère confessionnel. L'État ne concourt par aucun subside, mais le *board* peut consacrer à cet article du programme, de même qu'aux autres, une partie du produit de la taxe scolaire.

C'est une première inconséquence, puisque voilà un enseignement subsidié aux dépens des contribuables dans les écoles officielles, alors que les écoles libres ne reçoivent rien de ce chef.

La lutte ardente, les récriminations sans nombre qu'ont provoquées ces deux dispositions de la loi de 1870 : la clause de conscience (art. 7) et l'article 14 définissant la religion neutre (*undenominational*) dont l'enseignement seul est permis dans les écoles officielles et qui porte le nom de son auteur (*Cowper Temple clause*), — cette polémique passionnée, disons-nous, a produit depuis vingt-cinq ans un déluge de livres, de brochures et de pamphlets, attaquant et défendant tour à tour le compromis.

Les partisans de l'instruction religieuse confessionnelle, à quelque secte qu'ils appartiennent, ont presque toujours lutté avec une conviction et une ardeur que l'on sent puisées dans un amour désintéressé des véritables intérêts de l'éducation de l'enfance. Ce sont les Anglicans, très nombreux, les Catholiques et les Wesleyens. Parmi leurs adversaires, nous trouvons les Sécularistes, les Indifférents et les Unitariens, que l'on désigne par l'appellation générale de *Non Conformists*.

La majorité des *Non Conformists* se borne à soutenir résolument les termes du Compromis de 1870, parce qu'ils y trouvent un enseignement religieux qui répond à l'indétermination de leurs croyances et qui leur est donné aux frais de la nation entière. Un petit nombre seulement de Progressistes préconise l'exclusion de tout enseignement religieux des écoles subsidiées par l'État, ainsi que la suppression des écoles libres et leur remplacement par des écoles officielles ;

d'autres se contentent de demander l'abolition des subsides aux écoles libres.

Il est à peine besoin de dire que ces dernières réformes n'ont aucune chance d'être actuellement adoptées par la majorité du peuple anglais.

Anglicans, Wesleyens et Catholiques protestent sans trêve contre la situation défavorable que leur fait le compromis et contre cette religion appauvrie dont la loi soutient l'enseignement à leurs frais, religion vraiment dépourvue d'efficacité au point de vue de la formation morale de l'homme, sans dogmes, sans autorité, religion qui constitue moins une croyance nette et positive qu'une théorie philosophique.

En présence du grand nombre de citoyens qui soutiennent la nécessité d'une religion dogmatique, il est assez naturel de se demander comment il se fait que cette loi de 1870 ne soit pas encore revisée, d'autant plus qu'elle ne s'applique qu'à l'Angleterre, qui est la place forte de l'Anglicanisme.

Il en est plusieurs raisons.

Un large souffle d'idées libérales oriente en ce moment la politique anglaise ; beaucoup d'anglicans et presque tous les catholiques appartiennent au parti libéral ; celui-ci, d'autre part, a besoin de l'appui des radicaux, et c'est ainsi qu'un compromis d'intérêts politiques divise les partisans de la question religieuse et nuit à une action d'ensemble.

D'autre part encore, les partisans d'une réforme de la loi scolaire, sachant qu'ils ne peuvent guère l'espérer d'un ministère libéral, favorable aux écoles officielles et au maintien intégral du compromis de 1870, n'oseraient trop efficacement prêter la main à l'avénement d'un cabinet conservateur. Car on peut craindre que, le jour où les anciens *Tories* reviendront au pouvoir, ils n'en usent comme jadis, pour favoriser la propagande du dogme anglican dans toutes les écoles primaires.

Une troisième cause d'insuccès des réformistes procède de l'organisation de la représentation parlementaire du Royaume-Uni. Pour changer cette loi, qui ne concerne que l'Angleterre, il faudrait le concours des nombreux députés irlandais et écossais. Or, ceux-ci croient ne pouvoir rien attendre d'un ministère conservateur ; ils oublient les difficultés qu'un ministère libéral crée à leurs coreligionnaires anglais, et ne voient que les promesses que le parti actuellement au pouvoir fait miroiter à leurs yeux éblouis : *Home Rule*, Rétablissement des tenanciers évincés, *Disestablishment* de l'Église anglicane galloise, *Home Rule* écossais, abolition des Lords, etc.

Telle est en résumé la situation actuelle. Un proverbe anglais dit : « *Half a loaf is better than no bread at all* ». C'est ce dont les partisans de l'instruction religieuse doivent se contenter ; mieux vaut, en effet, ne recevoir de subside que pour l'enseignement d'un programme laïc, avec l'obligation de subvenir soi-même au besoin de l'instruction religieuse, que de se voir enlever tout appui du Gouvernement.

Nous avons pensé qu'il serait peut-être intéressant d'examiner plus attentivement leurs griefs sur quelques points en particulier, notamment au point de vue des reproches qu'ils font à la religion neutre qui est née du Compromis de 1870, et à la situation précaire des écoles confessionnelles.

Dans une lettre au *Times*, en 1879, M. Cowper Temple a tâché d'expliquer que sa fameuse clause 14 de l'*act* de 1870 était la meilleure disposition que l'on pût adopter :

« La majorité de la nation, disait-il en 1879, et
» le sens commun se prononçaient en faveur d'un
» enseignement religieux d'une forme simple et
» pratique dans toutes les écoles, de manière à
» instruire les enfants des fondements de leurs
» devoirs envers Dieu et envers les hommes, ainsi
» que des préceptes de la morale. Mais la majorité de
» ceux qui représentaient la nation n'aurait pas
» hésité à sacrifier cet important objet, si l'on avait
» pu s'en servir pour favoriser le prosélytisme d'une
» secte théologique quelconque ou la prépondérance
» de l'Église établie. Telle était l'opinion de la
» Chambre des Communes qui vota l'*act* de 1870, et
» si nous n'avions pu trouver une disposition qui
» séparât un enseignement religieux, adoptable dans
» une école soutenue par une taxe locale, de l'ensei-
» gnement doctrinal de corporations ecclésiastiques
» rivales, la loi aurait prononcé l'interdiction absolue
» de tout enseignement de la religion (¹). »

A ces explications, M. Calvert répondit très justement :

« Il me semble que pour calmer ces craintes du
» prosélytisme et de la prépondérance des Églises,

(¹) *Times*, 11 juin 1870.

» le Gouvernement a omis d'exiger l'enseignement
» d'une formule simple et pratique de religion. Pour
» enrayer cette prépondérance d'une Église, il aurait
» simplement dû laisser le champ libre aux diverses
» croyances, et seules les meilleures d'entr'elles au-
» raient attiré les âmes. Au lieu de cela, on les a
» toutes frappées de mort : sous prétexte de prévenir
» le prosélytisme en faveur d'un dogme théolo-
» gique particulier, on a inauguré le prosélytisme
» contre toute croyance dogmatique ; car souvent
» l'aggravation de la taxe scolaire enlève aux parents
» les moyens de souscrire pour leurs propres écoles
» confessionnelles et les empêche de faire donner à
» leurs enfants l'instruction religieuse (¹). »

En exécution de cette clause de l'*Act* de 1870, tous les *School boards* ont porté des règlements contenant la définition de l'enseignement religieux qu'ils autorisent dans leurs écoles. Cette définition est nécessairement très variable, mais le maximum d'enseignement religieux qui est considéré par le Département comme rentrant dans les limites d'une religion neutre, ne contenant aucun formulaire ou catéchisme distinctif d'une confession particulière, comprend l'Oraison Dominicale, les Dix Commandements et le Symbole des Apôtres (²).

(¹) F. Calvert, Q. C. *Defects of the Law on Education.*
(²) Il semble que le caractère de ces diverses prières n'est pas précisément de n'appartenir à aucune confession religieuse, et que loin de là, elles présupposent l'affiliation à une église chrétienne.

En fait la majorité des *School boards* s'en tient pour l'instruction religieuse, à la lecture de la Bible sans notes ni commentaires (¹)! Il faut bien peu connaître les enfants pour s'imaginer que des élèves âgés de trois à quinze ans comprendront quoi que ce soit à cette lecture ou pourront en retirer d'autres fruits que des notions très superficielles.

D'ailleurs, ces rudiments de l'instruction religieuse ne peuvent pas même convenir à toutes les croyances, car si la généralité des sectes protestantes admet la Bible, il en existe cependant qui rejettent certaines parties des Livres sacrés; d'autre part, les Catholiques ne sauraient adhérer à la Bible autorisée par les Anglicans; enfin les Juifs doivent repousser et le Nouveau Testament et les formules de prière que nous indiquions plus haut (²). Et cependant, d'après le

(¹) *Bible reading without note or comment.*
(²) En fait, la plus grande partie du peuple anglais semble ignorer l'existence de la clause de conscience et le droit qu'elle donne aux parents. Sur les 477.000 enfants qui fréquentent les écoles du *London School board*, il n'y en avait, en 1893, que 400 qui exerçaient le droit de se retirer de la classe pendant la leçon de religion. Ce chiffre a augmenté dans de notables proportions, disent les adversaires de M. Diggle, depuis la circulaire sur l'Instruction Chrétienne. Nous ne doutons pas de leur affirmation; mais il est permis de croire que ce résultat n'est pas uniquement produit par la libre détermination des parents, qui se seraient subitement prévalu d'un droit dont ils ne s'étaient jamais inquiétés auparavant.

Les Juifs s'abstiennent généralement de fréquenter les écoles officielles, du moins à Londres, où ils ont des écoles libres patronnées par Lord et Lady de Rothschild.

Quant aux Catholiques, ils ont dans toute l'Angleterre des

principe même de la loi de 1870, ils auraient tous un droit égal à recevoir dans les *School board schools* l'enseignement religieux pour lequel ils paient une partie de la taxe.

Bien plus, la loi autorise le *board* à supprimer complètement l'enseignement religieux (¹). Que deviennent alors les enfants qui y sont envoyés par leurs parents? Le *board* leur répond que cet enseignement doit être réservé à la chaire de vérité, à l'école dominicale et au foyer paternel!

Sans doute, sa place est là, autant qu'à l'école, mais il faut qu'il existe en même temps des deux côtés, sinon ce ne sera jamais pour beaucoup qu'un vain mot, selon la parole de Humboldt : « Ce que » nous souhaitons d'introduire dans la vie d'une » nation, nous devons d'abord l'inculquer aux en- » fants à l'école (²). »

En admettant même que le *School board* autorise l'instruction religieuse dans les étroites limites de l'article 14, quels maîtres va-t-il en charger? Seront-ce des instituteurs préparés de longue main à cet ensei-

---

écoles libres affiliées au *Catholic School Committee*, présidé par le Duc de Norfolk ; dans les localités où, à raison de leur petit nombre, ils sont obligés de fréquenter l'école du *board*, ils se prévalent strictement des droits de la *conscience clause*.

(¹) Cette mesure extrême n'a été prise que dans quelques *boards* des districts industriels du Centre, à Birmingham et dans les environs, administrant en tout, si nos souvenirs sont exacts, environ 60 écoles.

(²) *Whatever we wish to see introduced into the life of a nation, must first be introduced into its schools.*

gnement qui doit avoir une si grande influence sur l'avenir d'un homme et la vie de tout un peuple? La chose ne serait que logique; mais non. Au lieu de cela, le *board* ne peut choisir qu'une personne qui ne se réclame d'aucune affiliation à une confession religieuse quelconque, car autrement elle ne répondrait pas au caractère de neutralité que la loi exige. L'instituteur auquel sera confié l'enseignement de la religion, sera donc celui qui fera profession de n'en pas avoir qui soit bien définie par un dogme, celui qui pourra promettre d'enseigner une religion s'accommodant également de toutes les croyances, un christianisme qui puisse admettre et rejeter en même temps les dogmes cardinaux de l'Unité de Dieu, de la Sainte-Trinité, de la Divinité du Christ, du Paradis et de l'Enfer, une foi qui puisse s'incliner devant l'autorité des Saints Livres, sans se croire obligée d'en reconnaître la source d'inspiration divine.

Il semblerait, après ce que nous venons de dire, que la situation de l'enseignement religieux doive être aussi satisfaisante dans les écoles libres qu'elle l'est peu dans les écoles officielles, puisqu'elle y est débarrassée des entraves de la neutralité. Sans doute elle est meilleure, mais la place qui est assignée par la loi aux cours de Religion dans l'horaire des classes n'en constitue pas moins une défaveur.

En effet, la loi désire que ces cours se donnent au commencement ou à la fin de la classe du matin ou du soir : ce sont des heures particulièrement défavorables.

Si l'enseignement a lieu immédiatement après l'ouverture de l'école, il est à peu près certain qu'il sera suivi de la façon la plus irrégulière.

L'instituteur aura beau dire, jamais il ne pourra décider la majorité des parents à veiller à l'assiduité des enfants à des heures où leur présence en classe ne peut pas être requise obligatoirement, en vertu d'une loi : l'enfant quittera le logis à temps, mais traînera dans les rues et les parents ne s'en soucieront guère, le père étant au travail et la mère au ménage. Si le cours de religion se donne à la fin de la classe, ceux qui en sont dispensés seront regardés d'un œil d'envie par leurs camarades qui les verront quitter l'atmosphère alourdie de la classe pour les jeux du grand air. Et, alors, quelle lassitude, quelle impatience d'en avoir fini avec cette leçon écoutée d'une oreille distraite et fatiguée, tandis que l'imagination, contrainte pendant plusieurs heures déjà, battra la campagne ! (¹)

Et, comme si un règlement aussi dangereux ne suffisait pas encore, le Code et les circulaires ministérielles ont complètement isolé la religion du reste du programme scolaire. A moins que tous les enfants présents dans la classe n'appartiennent à la même confession religieuse, il est interdit à l'instituteur de

---

(³) En fait, dans les écoles où se donne l'instruction religieuse, on y consacre les 45 ou 50 premières minutes de la classe du matin. Les instituteurs se plaignent beaucoup de l'irrégularité de la fréquentation des enfants à ce moment, et nous avons pu constater plusieurs fois combien les continuelles allées et venues des arrivants troublent la classe entre 9 et 10 heures du matin.

se servir d'aucun livre, de faire chanter par ses élèves aucun hymne, ou de leur tenir aucun propos qui puissent être interprétés en faveur d'une croyance religieuse déterminée. Le Ministère n'intervient aucunement dans le choix des manuels d'instruction qui serviront aux enfants, mais l'inspecteur a pour mission de signaler au Département tous les cas où il croirait que la stricte neutralité religieuse a été violée. La suppression du subside s'ensuivrait infailliblement.

Le cardinal Manning, en 1869, avait très bien fait ressortir l'absurdité de cet isolement systématique : « Les éléments laïcs et les éléments religieux de l'édu-
» cation sont inséparables, disait-il ; et quand nous
» disons que l'éducation sans le christianisme est
» impossible, nous ne prétendons pas que l'instruc-
» tion sans le christianisme soit une utopie. Nous
» affirmons simplement que l'instruction n'est pas
» l'éducation : celui qui n'est instruit que par l'en-
» seignement laïc n'est pas éduqué ; un système
» d'éducation nationale qui ne serait pas fondé sur
» le christianisme ne serait qu'une imposture. Appelez
» cela Instruction nationale, si vous voulez, mais n'y
» prostituez pas le nom de l'éducation. Je sais bien
» qu'on nous répondra qu'il n'est fait aux droits sacrés
» des parents aucune violence par l'institution d'un
» système d'Instruction nationale laïque qui leur
» laisse la pleine liberté de procurer à leurs enfants
» un enseignement religieux conforme à leurs
» croyances. Ce n'est là qu'un misérable jeu de mots !
» Ce régime doit aboutir à priver les enfants de l'ins-
» truction religieuse, car l'école laïque ne peut que

» les instruire et les bribes d'enseignement religieux
» qu'ils recevront en dehors de l'école sont impuis-
» santes à leur donner l'éducation. L'esprit et le cœur,
» l'intelligence et la volonté doivent se former par
» l'action commune, constante et uniforme de l'Ins-
» truction et de l'Éducation chrétiennes. Et cela est
» impossible en dehors de l'école chrétienne! ([1]).

C'était encore l'opinion de la majorité des membres de la Commission Royale de 1885. Nous lisons, en effet, dans leur rapport : « Nous estimons qu'il est
» de la plus haute importance que les instituteurs,
» chargés de l'éducation morale des enfants, conti-
» nuent à prendre part à leur instruction religieuse ;
» nous envisageons toute séparation entre l'enseigne-
» ment laïc et l'enseignement religieux, comme devant
» être très dangereux non seulement pour la mora-
» lité, mais même pour l'instruction laïque des
» enfants ([2]) ».

([1]) CARDINAL MANNING. *National Education and Parental Rights.*
([2]) *Final Report*, p. 44, 5°.

CHAPITRE VI

L'Instruction obligatoire et gratuite.

———

Le principe de l'instruction obligatoire avec son corollaire de la gratuité des écoles publiques ne semble plus contestable en Angleterre. Mais la loi n'a pas voulu les imposer d'une façon absolue, et elle a laissé à l'initiative locale une certaine part d'intervention, qui se manifeste dans le droit que possèdent les *School boards* et les *School attendance committees* de déterminer, dans certaines limites, l'âge et le degré d'instruction qu'un enfant doit atteindre avant de pouvoir être dispensé de la fréquentation obligatoire d'une école primaire. Nous avons vu de même que la gratuité de l'instruction publique n'est pas généralement obligatoire ni absolue, puisque la loi permet aux *managers* des écoles existantes de continuer à percevoir une certaine rétribution, concurremment avec le nouveau *fee grant*. Elle n'est obligatoire et absolue que pour les écoles dont la création est postérieure à la date du 1er janvier 1891. En fait, cependant, les conséquences avantageuses du *fee grant* pour les finances de beaucoup d'écoles sont si évidentes que nous constatons une augmentation rapide dans le nombre de celles qui le sollicitent (¹), moyennant renonciation à toute perception de minerval : elles y sont, en quelque sorte, moralement contraintes par la concurrence et par les charges croissantes que le Département d'Éducation inflige à leur budget d'autre part.

Nous savons déjà quelle est la sanction apportée par la loi aux dispositions qui consacrent l'instruction obligatoire. Le fonctionnaire spécialement désigné par le *board* ou l'*attendance committee* doit consulter les registres scolaires, prendre note des enfants qui sont absents pour cause de maladie et poursuivre les parents de ceux qui ne peuvent invoquer aucune excuse ou qui font l'école buissonnière. Si, après les avertissements que leur donne l'autorité scolaire, ils ne veillent pas mieux à l'assiduité de leurs enfants, deux membres du *board* les attrayent en justice sommaire ; ils sont condamnés à une amende maximum

---

(¹) Le *fee grant* du Gouvernement s'était élevé pour la première année (1892-1893) à la somme de fr. 13.131.875 ; pour l'année suivante il avait déjà plus que triplé : fr. 43.833.630, soit une augmentation de 233.8 p. c., et l'augmentation suivra sans doute une marche semblable pendant l'année courante (1894-1895).

Sur 19.577 écoles primaires publiques, 15.914 sont déjà ouvertes gratuitement et 3.831 d'entre elles seulement exigent une faible rétribution des 2/3 de leurs élèves. Il y a donc actuellement (31 août 1894) 12.583 écoles absolument gratuites. Ces 15.914 écoles gratuites reçoivent plus des 3/4 de la population scolaire du pays.

de 5 shillings et le juge peut ordonner l'internement de l'élève dans une école de bienfaisance, *industrial school*.

En fait, deux obstacles s'opposent à l'efficacité de cette sanction : le caractère nomade de la population des grandes villes et la répugnance qu'éprouvent les magistrats à prononcer ces condamnations inutiles.

Qu'on nous permette d'emprunter encore à l'auteur anonyme de la « Politique de l'Éducation » une page qui met spirituellement en lumière ces difficultés d'application de la loi (¹).

« Dans l'histoire naturelle de Tommy Troublesome, nous
» trouvons un type de gamin de rue, et nous pouvons suivre
» le mode de procédé adopté pour le civiliser.

» Son père et sa mère ne valent pas beaucoup plus qu'il ne
» faut, et son foyer aussi bien que son école sont pour la plu-
» part du temps au grand air de la rue. L'*attendance officer* le
» surprend occupé à faire des gâteaux de boue dans la rigole;
» le polisson est bien éveillé, prêt à mentir effrontément, en
» donnant le nom de l'école qu'il fréquente, en expliquant
» pourquoi il n'y est pas, où il demeure, quel est son âge et
» qui sont ses parents.

» Son repaire une fois trouvé, le fonctionnaire s'en prend à
» la mère du garnement, qui promet de l'envoyer désormais à
» l'école et d'en faire un élève modèle; l'inspecteur s'en va,...
» et Tommy retourne à sa rigole, tandis que la mère s'en va
» jacasser avec ses voisines. Cependant, « l'homme du *School
» board* » n'a rien trouvé au registre de l'école indiquée; si
» l'inscription a eu lieu, le tableau des présences reste vierge.
» Il revient à la charge et donne à la mère un dernier délai de
» vingt-quatre heures. Elle avait fait une promesse et l'avait

(¹) *Politics of Education*. IX.

» trahie ; il lui coûtera peu d'en faire une seconde qui vaudra
» tout autant que la première.
» Enfin arrive un « 1er avertissement » du *board* (*notice A.*)
» l'appelant à comparaître avec son rejeton devant les mem-
» bres du *board* qui composent la section chargée de veiller
» à l'assiduité des élèves du district : épouvantée par la vue
» d'une assignation, la mère jette le papier au feu en se
» félicitant d'être débarrassée de ce cauchemar. Les semaines
» passent, et une deuxième citation arrive (*notice B.*). Celle-ci
» est péremptoire et le fonctionnaire la remet au père qui appa-
» raît pour la première fois sur la scène au beau milieu de la
» comédie.
» Il envoie la mère au tribunal du *board,* qu'elle approche
» en tremblant. Le juge, c'est quelque subalterne à gages, car
» ces messieurs du *board* sont des hommes d'affaires jugeant
» que des occupations plus importantes réclament leur temps...
» et leurs loisirs. Ce Rhadamante fronce le sourcil, terrifie la
» mère de son regard dur, car, du premier coup d'œil, il dis-
» tingue les récalcitrants ; mais il ne condamne pas ; il menace
» seulement d'une citation en justice de paix. Peut-être cela
» aura-t-il quelqu'effet, peut-être la mère enverra-t-elle son
» Tommy ennuyer les instituteurs pendant quelques semaines,
» d'une façon plus ou moins régulière. Puis, sur une nouvelle
» plainte de l'*attendance officer,* arrive l'assignation en justice
» de paix. Cette fois-ci, c'est sérieux. Mais alors surgit une
» autre difficulté : les délinquants sont tellement nombreux, que
» le juge ne pourrait les examiner tous sans accumuler un for-
» midable arriéré dans sa juridiction. Il choisit au hasard quel-
» ques noms, c'est-à-dire que l'administration de la justice
» devient une loterie : si Tommy tire un mauvais numéro, il
» devient le bouc-émissaire de ses compagnons de vagabondage
» et paie pour les autres. Le tableau final du drame nous mon-
» tre Tommy et sa mère devant le juge, dans le *dock* des pré-
» venus ; le magistrat écoute patiemment les explications
» embarrassées de la femme et les congédie avec une sévère
» remontrance.

» Cependant les semaines s'écoulent, l'année se passe et
» Tommy n'est encore qu'un vaurien. Tout cela se termine
» par une dernière entrevue avec le juge, qui condamne le père
» de Tommy à une amende de 5 schillings payable dans le mois
» qui suit la sentence.

» Les trente jours écoulés, le receveur se présente et le
» rideau tombe; on lui répond : « Partis sans laisser
» d'adresse ! » La famille, pour le bien de laquelle cette énorme
» et dispendieuse machine de la justice a été mise en mouve-
» ment, a émigré dans un autre quartier, où elle recommen-
» cera la même pantomime devant une autre salle, en laissant
» aux contribuables le soin d'en payer tous les frais. »

Les cinq inspecteurs principaux dont les rapports figurent dans le dernier *Report of the Education Department* 1893-1894, sont unanimes à constater que malgré les lois et règlements sur l'instruction obligatoire et sur la gratuité des écoles, l'absentéisme reste florissant, et tous y assignent les mêmes causes : les autorités scolaires se montrent négligentes, parce qu'elles comprennent l'inutilité de leurs efforts, et les juges ne veulent pas condamner, soit parce que leurs audiences sont déjà suffisamment encombrées, ou parce que la pauvreté des parents les émeut de pitié, soit encore parce qu'il leur répugne de contribuer à augmenter sans cesse les scandaleuses dépenses qu'exige le recouvrement de quelques *pence* d'amende (¹). Les

---

(¹) Les juges de paix ont dû finir par décider qu'ils n'entendraient pas plus de 25 causes de cette espèce dans une même semaine. Ils cherchent, d'ailleurs, autant que possible, à ne pas prononcer de condamnations, parce que rien ne rend la justice impopulaire comme une peine infligée à des accusés en faveur desquels le public des audiences de police est toujours bien dis-

inspecteurs reconnaissent que le seul moyen d'obtenir l'assistance régulière en classe ne réside pas dans une contrainte légale, que les difficultés d'exécution rendent illusoire, mais bien plutôt dans la persuasion exercée par les instituteurs sur les parents, soit directement, soit indirectement par l'intermédiaire des élèves.

A l'heure actuelle, 5,153,542 inscriptions aux registres scolaires ne donnent en moyenne que 4,120,457 présences en classe ; donc plus d'un million d'enfants en âge d'école sont encore privés d'une instruction régulière et suffisante [1]. C'est surtout vers l'âge de douze ans que la fréquentation devient irrégulière. Beaucoup d'autorités scolaires, obéissant aux intérêts de leurs électeurs sans s'inquiéter de l'intérêt moral des enfants, autorisent dans les districts industriels le régime de la fréquentation réduite au demi-temps (*halftime*) à partir d'un âge beaucoup trop tendre. Nous savons bien que le travail des enfants est une source énorme d'économie pour les pa-

---

posé, et dont la faute provient autant de l'ignorance que de la mauvaise volonté. On nous a même cité le cas d'un juge de paix des environs de Londres qui, après avoir condamné les délinquants à un *penny* ou à six *pence* d'amende, leur donnait séance tenante de quoi les payer. Un assez grand nombre de juges hésitent également à envoyer les enfants dans une *industrial school*, parce qu'ils estiment, à tort ou à raison, que la vie au foyer paternel, si misérable qu'elle soit, est toujours plus salutaire au point de vue moral de l'enfant qu'un séjour prolongé dans un *Reformatory*.

[1] *Report,* p. XLVII.

trons et de revenu pour les parents, mais rien ne saurait légitimer cet abandon moral de l'enfance, qui la livre désarmée et sans aucune protection au vice et à l'ignorance.

Aussi les inspecteurs anglais réclament-ils tous un relèvement considérable de l'âge d'exemption partielle ou totale, avec l'exigence d'un examen d'un *standard* plus élevé que celui qu'ont adopté la majorité des *Schools boards* pour accorder cette dispense.

En beaucoup d'endroits, en effet, le *standard* d'exemption est limité au 2ᵉ degré de l'Instruction primaire. En admettant que l'enfant assiste aux classes gardiennes de trois à cinq ans et passe ensuite à l'école primaire, il pourra subir l'examen du second *standard* dès sept ou huit ans et sera autorisé à ne plus fréquenter l'école. Comme, d'autre part, la loi n'autorise pas son emploi dans l'industrie avant l'âge de onze ans, le voilà, pour trois ans au moins, placé entre l'alternative de devenir un mauvais sujet ou d'être employé à quelque travail clandestin (¹).

Aussi M. Currey, l'un des inspecteurs du district métropolitain, ne cesse-t-il de réclamer que la loi soit amendée de façon à ne plus permettre l'octroi des dispenses de fréquentation avant un âge plus élevé encore que celui de onze ans, et sans égard au degré

(¹) On constate généralement que plus l'industrie est prospère, plus il y a d'infractions à la loi; au contraire, plus il y a de « sans travail », plus il y a d'élèves dans les écoles. Ce fait se manifesta très distinctement pendant la longue grève des mineurs qui sévit durant les premiers mois de l'année 1894.

d'instruction plus ou moins élevé que l'enfant peut avoir atteint.

Il serait difficile de porter un jugement bien fondé sur la valeur respective des lois qui règlent l'instruction obligatoire et le travail des enfants. Prises séparément, ces lois sont bonnes, quoiqu'encore loin d'être parfaites. Il y a notamment dans les dispositions qui concernent l'exemption partielle (*half time*) un article qui est très nuisible au progrès de la législation ouvrière : c'est celui qui prohibe l'effet rétroactif de la loi de 1876, quant aux districts dont les *School boards* avaient déjà porté des *bye-laws* avant cette date. En effet, ces règlements permettent l'exemption partielle et totale à un âge ridicule, dès le 1er ou le 2e *standard*, c'est-à-dire vers sept ou huit ans. Prises dans leur ensemble, ces lois sont encore plus défectueuses, parce qu'elles ne présentent aucune cohésion ; à tel point, que c'est, dans l'opinion des fonctionnaires du Département d'Éducation, la partie de la législation scolaire qui réclame la réforme la plus urgente. Tous les *educationists* anglais réclament l'abolition du *half time system* et la prohibition absolue du travail des enfants avant l'âge de quatorze ans ; ils espèrent y arriver, lentement, mais quand même, et en dépit de l'opposition du Lancashire (¹).

(¹) Dans la séance du 1er mars 1895, M. Asquith vient de déposer à la Chambre des Communes un *bill* d'amendement à la loi sur le travail industriel. L'honorable Secrétaire d'État du *Home Department* n'y parle pas de relever l'âge d'admission

Quant aux résultats de la nouvelle loi sur la gratuité des écoles, les inspecteurs sont encore unanimes à reconnaître que, s'il y a une augmentation sensible dans le nombre des élèves inscrits aux registres des écoles et dans le chiffre moyen des présences de chaque jour, il faut cependant se rappeler que cet accroissement provient en grande partie de l'augmentation de la population des écoles et des classes gardiennes âgée de trois à cinq ans. A cet âge, en effet, tout concourt à favoriser la présence des enfants à l'école : non seulement ces *babies* ne peuvent être d'aucune utilité au logis, mais la mère est enchantée d'en être débarrassée gratuitement pendant six heures de chaque journée ; à tel point que des inspecteurs se plaignent d'avoir vu certaines écoles littéralement bondées de mioches dont la place eût été plutôt à la « crèche ».

Une autre conséquence, assez imprévue, de la gratuité scolaire, c'est le singulier calcul qu'elle a produit dans l'esprit de certains parents. Autrefois, quand ils

des enfants dans les usines, mais il a déclaré que si la majorité de la Chambre se prononçait en faveur de cette mesure, il serait très disposé à l'introduire dans son *bill*. Dans la discussion qui suivit, les chefs de l'opposition et quelques membres influents de la majorité ont insisté pour que cet âge fût relevé de 11 à 12 ans, et il est possible qu'en présence de cette attitude favorable, cette proposition soit incorporée dans le *bill* pendant la discussion en Comité, malgré l'opposition des industries textiles. C'est précisément pour éviter ces réclamations des libéraux de Manchester et du Lancashire que M. Asquith n'en a pas parlé dans son projet de loi.

avaient payé au commencement de la semaine, ne fût-ce que trois ou quatre *pence* de rétribution, ils voulaient « en avoir pour leur argent », et ils tenaient la main à ce que leurs enfants occupassent à l'école la place qu'ils leur avaient payée. Aujourd'hui que l'entrée en est gratuite, ils se soucient beaucoup moins de la régularité de l'assistance en classe.

A tout prendre cependant, le dernier rapport du Gouvernement constate que la population scolaire a augmenté, en 1893, de 2.58 p. c., et que la régularité de la fréquentation s'est améliorée de 5.92 p. c. sur celle de l'année précédente; mais il signale, d'accord avec ce que nous disions il y a un instant, que, dans la population des écoles gardiennes, ces chiffres se sont respectivement accrus, pour la même année, de 2.78 et de 8.02 p. c. (¹).

Quant à l'effet de la gratuité sur les finances scolaires, il a été mathématique. Rien n'a été changé pour les écoles dont la rétribution annuelle était de 10 sh. par élève; le revenu s'est abaissé à ce taux pour celles qui ont aboli une rétribution supérieure, de même que pour celles qui ont été autorisées à maintenir une certaine rétribution, mais à charge de ne recevoir du *fee grant* qu'une partie égale à la différence qui existe entre cette rétribution réduite et la somme de 10 sh. par élève; dans celles, enfin, qui étaient déjà gratuites en 1891, il y a une augmentation de revenu net de 10 sh. par élève.

Un grand nombre d'écoles catholiques, principale-

(¹) *Report*, p. xliv.

ment celles de Londres, sont dans ce cas, parce que la condition sociale de leurs élèves rendait impossible depuis longtemps l'exigence d'aucune rétribution.

Le dernier rapport du Gouvernement constate que de toutes les écoles libres de l'Angleterre, celles des catholiques se contentent de la rétribution annuelle moyenne la moins élevée : tandis que cette moyenne est de fr. 2.95 pour toutes les écoles libres du pays, certaines confessions, comme les Wesleyens, atteignent une moyenne de 7 francs, et les catholiques ne perçoivent que fr. 1.02 ; d'autre part la rétribution moyenne des écoles officielles est de 85 centimes.

Ce contraste, tout à la louange des catholiques anglais, devient encore plus frappant si à côté de ces chiffres nous plaçons le taux moyen des souscriptions volontaires. La plus riche des sectes protestantes, l'Église anglicane, ne parvient à recueillir que 9 francs par élève, tandis que les catholiques atteignent le chiffre de fr. 10.42. Dans les *board schools*, cette contribution volontaire est remplacée par une taxe qui produit en moyenne fr. 24.72 par élève ([1]).

([1]) *Report*, p. XVII.

CHAPITRE VII

Le Code et l'Inspection.

—

Le Parlement de 1870 se sentait-il incapable de régler dans tous ses détails l'attribution des subsides, ou bien poursuivit-il consciemment le but qu'il a atteint aujourd'hui, en confiant au Département d'Éducation la partie la plus importante de la loi? Nous ne saurions le dire. Mais il n'en est pas moins bizarre de constater que le législateur anglais, d'ordinaire si méticuleux dans la rédaction de ses lois, et qui a poussé la minutie pour celles-ci jusqu'à régler les moindres détails des enquêtes et de la procédure des expropriations, abandonne d'autre part à l'arbitraire d'une administration publique toute-puissante la confection des articles du Code qui doit régler toutes les conditions d'existence des écoles primaires anglaises, officielles ou libres.

Ce mode de législation instable peut présenter l'avantage d'être très élastique, facilement adaptable aux nécessités de l'heure présente : une simple minute du Département d'Éducation peut tout modifier de fond en comble. Mais il présente un très grave inconvénient. Comment admettre, en effet, que l'existence de toutes les écoles libres d'une nation puisse dépendre de la volonté favorable ou hostile d'un ministre et de quelques fonctionnaires qui dirigent le Département d'Éducation? La loi, il est vrai, proclame le droit aux subsides pour toutes les écoles inspectées, et si elle en fixe le maximum, mais elle ne défend pas à l'Administration d'abaisser ce subside à un taux dérisoire, ou d'y mettre des conditions telles que plus une école libre ne puisse en mériter.

Cela reste vrai, même à l'égard des écoles officielles, mais dans une mesure considérablement atténuée par le pouvoir de taxation dont la loi investit le *School board*.

On a bien dit que toute minute du Département et le Code en particulier doivent, pour avoir force de loi, recevoir la sanction du Parlement, et que cette garantie équivaut à celle que présenterait l'inscription des conditions du subside parlementaire dans le corps d'une loi proprement dite. Mais ce n'est là qu'une garantie théorique.

En fait, ces projets du Département d'Éducation acquièrent force de loi d'une façon subreptice, à l'insu de la législature. Ils séjournent sur la table des Chambres, ignorés des députés et des lords pendant près d'un mois ; vers la fin de cette période, un exemplaire est envoyé à chaque membre, sans autre résultat que d'augmenter la pile des documents parlementaires qui encombrent leur cabinet. Ce contrôle du Parlement est absolument illusoire et dépourvu de toute efficacité([1]).

([1]) Déposition de M. Cumin, Secrétaire du Département d'Edu-

C'est ainsi que le ministère a pu continuer depuis 1870 jusqu'en 1890 la désastreuse pratique du *payment by results*, qui fit l'objet de tant de plaintes de la part des instituteurs et qui était littéralement l'organisation du surmenage.

Depuis cinq ans, les deux Ministres qui se sont succédé au pouvoir en ont entrepris la réforme, et elle n'est pas loin d'être achevée aujourd'hui. Le système des examens individuels est graduellement remplacé par une inspection générale de la classe ; mais un résultat définitif et complètement satisfaisant ne s'obtiendra que le jour où l'inspection annuelle, à date fixe et prévue, ce cauchemar des élèves et des instituteurs, aura tout à fait disparu, pour faire place aux visites à l'improviste assez fréquemment répétées chaque année. L'inspecteur pourra dès lors se rendre compte de l'état réel de l'école, au lieu de ne la voir que sous un jour factice ([1]), et, d'autre part, il pourra apprécier à leur juste valeur les qualités de l'enseignement qui s'y donne, au lieu d'en juger par les réponses craintives et troublées des enfants que l'apparat de l'inspection annuelle terrorise.

Les inspecteurs eux-mêmes sont d'accord pour renouveler chaque année l'expression de ces desiderata que signalait déjà la Commission Royale il y a

---

cation, devant la Commission Royale. 1885-1888. — *First Report*, quest. n° 1111.

([1]) L'un des inspecteurs dit dans son dernier rapport que le jour de sa visite annuelle, il n'a sous les yeux qu'une école « amidonnée ». L'expression est aussi juste que pittoresque.

dix ans, et ils se montrent tous également satisfaits des réformes successives que le ministère accomplit lentement en ce sens (¹).

Un dernier grief nous reste à signaler. Les exigences du Code à l'égard des constructions deviennent tellement exorbitantes que les inspecteurs eux-mêmes s'émeuvent de la situation difficile qu'elles créent aux écoles libres. Tout le monde sait que M. Arthur H. Dyke Acland, le vice-président actuel du Département d'Éducation, n'a pas toujours montré une vive sympathie pour les écoles libres, à tel point que l'inspecteur diocésain de Westminster déclarait un jour « qu'avec le membre du Gouvernement qui se trouve » actuellement à la tête du ministère d'Éducation, » il est évident que les écoles libres doivent se prépa- » rer à de grandes souffrances et qu'il est même » douteux qu'elles puissent survivre, si son adminis- » tration doit se prolonger (²).

Il ne faudrait pas croire que M. Acland est en principe hostile à l'existence des *voluntary schools*. Au

---

(¹) Dans le projet du Code pour l'année 1895-96, qui a été déposé sur la table des Chambres anglaises pendant la séance du 1ᵉʳ mars dernier, il est dit que le système des *visits without notice* remplacera désormais l'inspection annuelle, dans les écoles qui ont obtenu l'an dernier un rapport entièrement favorable des inspecteurs. On commence prudemment par les meilleures, mais le Ministre promet d'étendre bientôt ce régime à toutes les écoles primaires. Le nombre de ces visites sera d'au moins deux par an.

(²) Rapport du Rev. Walter Richards, à S. E. le Cardinal Vaughan, 31 mai 1895.

contraire, il reconnaît les immenses services qu'elles rendent à la cause de l'éducation publique, et ses adversaires politiques sont parmi les premiers à reconnaître que les exigences de son Département n'ont en vue que de faire faire à l'instruction primaire le plus de progrès qu'il est possible d'obtenir. Mais il est vrai qu'il a peut-être été un peu vite en besogne, qu'il n'a pas toujours assez tenu compte du caractère aléatoire des ressources des écoles libres, et qu'il a grevé leur budget de dépenses croissantes.

A part cela, les *managers* des écoles libres de toutes les confessions sont unanimes à reconnaitre la parfaite loyauté de l'administration centrale à leur égard ; on ne peut citer aucun exemple de décision ministérielle qu'une conviction religieuse ou une opinion politique quelconque ait jamais influencée, pendant ces dernières années.

CHAPITRE VIII

Les Instituteurs.

§ I. — Les Instituteurs proprement dits.

Nous avons vu que la loi abandonne entièrement la fixation du traitement de l'instituteur à la liberté des conventions qu'il conclut avec les *managers* de l'école.

Les tableaux qui suivent nous montrent les résultats de ce régime ([1]).

([1]) *Report.* 1893-1894, pp. 734-724.

ÉCOLES.	INSTITUTEURS DIPLOMÉS.					
	PRINCIPAUX.			ADJOINTS.		
	Traitement moyen, casuel compris (en francs.)	Nombre qui a servi de base à ce calcul.	Nombre de ceux qui ont le logement ou une indemnité de logement.	Traitement annuel, casuel compris (en francs.)	Nombre qui a servi de base au calcul.	Nombre de ceux qui ont le logement, ou une indemnité de logement.
Anglicanes...	2,987 90	6,912	4,316	1,831 45	1,198	—
Wesleyennes..	4,304 25	468	54	2,003 40	151	—
Catholiques ..	2,916 25	253	29	1,893 »	111	2
Neutres.....	3,573 85	918	253	2,210 30	312	—
Board schools..	3,990 »	3.724	1 361	2 600 30	4,955	1
Total...	3.384 90	12,305	6,017	2,420 20	6,727	3

ÉCOLES.	INSTITUTRICES DIPLOMÉES.					
	PRINCIPALES.			ADJOINTES.		
	Traitement moyen, casuel compris (en francs.)	Nombre qui a servi de base à ce calcul.	Nombre de celles qui ont le logement, ou une indemnité de logement.	Traitement moyen, casuel compris (en francs.)	Nombre qui a servi de base au calcul.	Nombre de celles qui ont le logement, ou une indemnité de logement.
Anglicanes...	1,826 35	8,933	3 722	1,261 65	2,479	126
Wesleyennes .	2,105 80	319	4	1,299 65	225	—
Catholiques...	1,636 75	1,309	280	1,277 35	481	8
Neutres.....	1,058 05	811	161	1,400 10	487	4
Board schools..	2,784 65	4,072	486	2 027 80	7,833	23
Total...	2,110 20	16,437	4,635	1,790 00	11.503	161

ÉCOLES.	NOMBRE DES INSTITUTEURS DIPLOMÉS															
	PRINCIPAUX qui reçoivent un traitement de								ADJOINTS							
	Moins de 1,250 fr.	1,250 à 1,875 fr.	1,875 à 2,500 fr.	2,500 à 3,750 fr.	3,750 à 5,000 fr.	5,000 à 6,250 fr.	6,250 à 7,500 fr.	7,500 et au delà.	Moins de 1,250 fr.	1,250 à 1,875 fr.	1,875 à 2,500 fr.	2,500 à 3,750 fr.	3,750 à 5,000 fr.	5,000 à 6,250 fr	6,250 à 7,500 fr.	7,500 et au delà.
Anglicanes.	39	567	1,784	5,178	962	259	85	38	42	668	402	71	8	»	»	»
Wesleyennes.	1	14	49	131	127	62	31	33	3	54	60	21	1	1	»	»
Catholiques.	1	11	35	135	25	6	»	»	»	46	60	5	»	6	1	»
Neutres.	7	63	168	371	181	98	52	28	3	115	132	41	»	1	»	»
Board schools	7	213	620	1,901	700	455	279	271	41	835	1,785	1,657	626	9	2	1
TOTAL.	55	868	2,676	5,056	1,995	838	427	370	96	1,718	2,430	1,795	648	16	3	1

ÉCOLES.	NOMBRE DES INSTITUTRICES DIPLÔMÉES.															
	PRINCIPALES								ADJOINTES							
	Moins de 1,000 fr.	1,000 à 1,125 fr.	1,125 à 1,250 fr.	1,250 à 1,875 fr.	1,875 à 2,500 fr.	2,500 à 3,750 fr.	3,750 à 5,000 fr.	5,000 et au delà.	Moins de 1,000 fr.	1,000 à 1,125 fr.	1,125 à 1,250 fr.	1,250 à 1,875 fr.	1,875 à 2,500 fr.	2,500 à 3,750 fr.	3,750 à 5,000 fr.	5,000 et au delà.
Anglicanes	148	254	383	4,596	2,347	1,103	80	15	329	395	1,369	4,963	88	12	»	»
Wesleyennes	6	4	12	134	85	63	16	2	16	32	35	129	12	1	»	»
Catholiques	12	18	34	1,020	232	41	3	»	44	71	52	500	11	5	»	»
Neutres	16	26	20	388	245	25	25	4	34	51	51	308	31	11	1	»
Board schools	36	43	75	1,212	1,239	1,510	517	522	85	171	274	2,919	2,032	2,545	10	»
TOTAL	218	345	522	7,350	4,146	2,650	650	541	508	720	738	4,965	2,174	2,572	11	»

On le voit, ces traitements sont considérablement plus élevés que ceux des instituteurs belges. Sans doute, il faut, pour apprécier leur juste valeur, tenir compte de la cherté de la vie en Angleterre, qui est beaucoup plus grande qu'en Belgique; mais encore peut-on dire, sans crainte d'erreur, que les instituteurs anglais sont mieux payés que les instituteurs belges ou français (1). Cette élévation des traitements est d'ailleurs générale chez nos voisins d'Outre-Manche.

Il est peu probable qu'une intervention du Gouvernement puisse encore amener une amélioration à cet égard en Angleterre, et l'on comprend, dès lors, l'absence de réclamations contre le régime de la liberté absolue des contrats.

Le Gouvernement lui-même a constamment repoussé l'idée d'une intervention quelconque dans la fixation des traitements des instituteurs, parce qu'il est persuadé que cela produirait une diminution générale des traitements au lieu de les augmenter. En effet, la loi qui interviendrait ne pourrait fixer le maximum du traitement au chiffre qu'il atteint aujourd'hui dans certains *boards* des grandes villes, parce que les écoles

---

(1) Il est superflu d'ailleurs de faire remarquer que ces traitements subissent une légère diminution du chef de l'impôt sur le revenu (*income tax*) qui les affecte comme tous autres traitements, à partir de fr. 5.750 ; le taux de l'*income tax* est variable d'année en année ; il est actuellement de 8 *pence* par livre sterling de revenu imposable, c'est-à-dire environ 3.3 p. c. D'autre part ils ne sont astreints à aucune retenue en faveur d'une caisse de pensions.

libres ne pourraient jamais le payer ; dans ces conditions, ce serait favoriser indûment la concurrence que leur font les écoles officielles. D'autre part, si la loi fixe un minimum moins élevé, ce chiffre ne tardera guère à devenir le maximum absolu du traitement.

Sans doute, les instituteurs ne se plaignent pas du régime qui préside actuellement à la détermination de leurs traitements, mais de nombreuses réclamations surgissent contre le chiffre de leurs allocations. Il est incontestable que la majorité des instituteurs gagnent beaucoup moins au service d'un *board,* qu'ils ne pourraient obtenir en qualité de commis dans une maison de commerce. C'est une des raisons pour lesquelles les autorités scolaires éprouvent tant de difficultés à recruter leur personnel enseignant en dehors des *pupil teachers,* et c'est un grave inconvénient. Ceux-ci, en effet, n'ont jamais vécu que dans l'atmosphère de l'école primaire ; ils y acquièrent l'expérience du métier, si l'on peut ainsi parler ; mais elle est impuissante à les élever au-dessus d'eux-mêmes, à leur donner l'éducation, le tact, la délicatesse qu'exigent leurs importantes fonctions.

C'est pourquoi les *educationists* cherchent aujourd'hui un moyen de relever le chiffre des traitements d'instituteurs, afin d'attirer dans cette profession des éléments plus raffinés, et surtout, des personnes élevées dans des établissements d'instruction secondaire, ou d'instruction moyenne du degré supérieur, comme les *university colleges*. Mais la chose ne semble guère possible en présence de la crise financière dont souffrent les écoles libres (¹).

Le lecteur a pu se convaincre, en parcourant rapidement les tableaux que nous avons extraits du rapport du Gouvernement, que les écoles catholiques étaient celles qui payaient les traitements les moins élevés à leurs instituteurs ; et, cependant, ceux-ci reçoivent des inspecteurs et de la Commission Royale d'Éducation les témoignages les plus flatteurs. « L'em-
» ploi de femmes d'une position sociale assez élevée et
» munies d'une instruction supérieure, en même temps
» que d'une éducation délicate, a été essayé avec
» grand succès dans les écoles catholiques (²). »

Il ne faudrait pas croire cependant que les services des instituteurs et des institutrices laïques soient moins appréciés. Le Rév. James Keatinge, prêtre de la cathédrale de Saint-Georges, dans le diocèse catholique de Southwark, dont les écoles font l'admiration de l'inspecteur général, M. Sharpe, nous disait, un jour : « Le dévouement de notre corps d'instituteurs
» laïcs est au-dessus de tout éloge ; il est encore plus
» merveilleux que celui de nos institutrices reli-
» gieuses. Celles-ci, en effet, n'ont pas le choix : seules,
» les écoles catholiques peuvent les employer et les
» payer ; tandis que mon instituteur laïc principal,
» porteur de diplômes universitaires, se contente d'un
» traitement de 3,000 francs, à Londres où la vie est
» si chère, alors que dans un *School board* il pour-

(¹) *Voir* au sujet des réformes proposées : § 2. *Les Pupil Teachers,* et IVᵉ PARTIE. 1. *Le Bill Anglican.*

(²) *Final Report of the Royal Commission,* p. 20.

» rait se faire payer de 7,500 à 10,000 francs par an ».

Il n'existe en Angleterre aucun traitement d'attente pour les instituteurs mis en disponibilité, et la loi ne met par aucun texte une limite à la liberté des *managers* en ce qui concerne le renvoi des instituteurs. Il semble que les directeurs d'école n'ont d'ailleurs pas abusé de cette faculté, puisqu'un seul inspecteur de district, M. Willis, signale quelques renvois arbitraires, sans même en donner le nombre; encore les plaintes n'ont-elles été formulées que contre de petites administrations scolaires rurales (¹).

La moralité des instituteurs est d'ailleurs généralement à l'abri de reproches. Le dernier rapport du Gouvernement signale seulement les noms de quatre instituteurs auxquels l'administration a retiré leur diplôme pour immoralité ou ivrognerie, et les noms de quatre autres qui ont été mis en disponibilité pendant un an, pour avoir falsifié le registre des présences en classe.

Il faut reconnaître que les autorités scolaires, tant officielles que privées, apportent la plus grande délicatesse dans le choix de leur personnel enseignant, et que le moindre soupçon, entachant l'honneur d'un maître d'école, entraînerait infailliblement son renvoi.

Au point de vue de l'exercice de sa profession, la tâche de l'instituteur est très ardue, et elle exige une somme de travail immense. L'inspecteur général, M. Sharpe, constate que, si, autrefois, le régime de l'instruction primaire pouvait permettre qu'un institu-

(¹) *Report.* 1893-1894, p. 96

teur eût à sa charge personnelle 60 ou 70 élèves, aujourd'hui cela n'est plus guère tolérable, à raison des exigences croissantes du Code d'Éducation. Le relèvement du niveau intellectuel, que les Ministres de l'Instruction publique poursuivent avec ardeur depuis cinq ans, réclame de la part de l'instituteur des soins trop assidus et trop particuliers pour qu'il puisse efficacement mener à bien une classe aussi nombreuse.

« Certains *managers* avaient interprété la loi en ce sens que, lorsque le total des élèves de leur école ne dépassait pas le maximum admis par la loi pour le chiffre de l'ensemble de leur personnel enseignant, ils pouvaient librement distribuer leurs élèves entre les divers instituteurs, de façon à dépasser considérablement le maximum pour certaines classes, quitte à rester en dessous du chiffre normal pour d'autres. »

Cette pratique a donné lieu à de vives réclamations des inspecteurs, et c'est sur les instances de M. Sharpe (¹) que le Département a stipulé, dans son Code pour l'année 1894-1895, que le nombre d'élèves habituellement présents dans une classe ne pourra plus excéder d'au delà de 15 p. c., le chiffre que l'instituteur a qualité pour instruire, d'après la catégorie dans laquelle il prend place, en vertu de son titre d'instituteur diplômé, principal, adjoint, *pupil teacher*, etc.

Le Département d'Éducation a également suivi les

---

[1] *Report*, pp. 98-99.

conseils de ses inspecteurs lorsqu'il a inséré dans son Code l'annonce qu'à partir de cette année, le maximum légal du nombre d'élèves sera considérablement réduit, ainsi que nous l'avons dit au chapitre XII, § 2, en parlant du Personnel scolaire.

§ II. — Les *Pupil Teachers*.

Un concert à peu près unanime de protestations s'élève contre l'emploi des *pupil taechers*, ou élèves-instituteurs, tel qu'il est actuellement organisé.

L'auteur anonyme de la « Politique de l'Éducation » avait déjà défini le *pupil teacher* : « un en-
» fant qui ne sait rien, et à qui l'on confie l'instruction
» d'un autre qui en connaît encore moins ; il est payé
» pour s'instruire ! L'utilité des *pupil teachers* dans
» le corps enseignant est nulle ; toute leur servitude
» n'a qu'un but : c'est l'examen de *Queen's scholar*
» et l'entrée à l'école normale [1] ».

La Commission Royale de 1885-1888 articula les mêmes griefs, mais elle déclara en même temps que les *pupil-teachers* formaient seuls une pépinière féconde pour le recrutement des instituteurs ; elle n'en demanda pas la suppression, mais seulement la modification, et, spécialement, le groupement par centres d'instruction, en même temps qu'elle réclama plus de temps pour leurs études préparatoires à l'école normale. [2]

Ce programme fut exécuté en grande partie, et les

[1] *Politics of Education*. II et III.
[2] C'est l'opinion de tous les *managers*, encore aujourd'hui, que les *pupil teachers* sont un mal, mais un mal nécessaire.

inspecteurs se montrent aujourd'hui un peu plus satisfaits. Ils estiment cependant que l'éducation du *pupil teacher* est encore loin d'être parfaite, surtout dans les districts ruraux, où ces élèves n'ont pas comme dans les grandes villes la facilité de fréquenter des classes centrales à leur usage particulier, en dehors de leurs heures de service à l'école ; à la campagne, le *pupil teacher* est souvent abandonné aux soins d'un instituteur tout au plus propre à diriger une école primaire, mais qui ne possède ni les aptitudes ni la science requises pour la formation des normalistes (¹).

Pour obvier à ces inconvénients, les inspecteurs recommandent que l'on choisisse désormais les *pupil teachers* parmi les élèves de dix-sept ou dix-huit ans, dans les écoles du degré secondaire ou moyen, au lieu de prendre des enfants de treize ou quatorze ans dans les écoles primaires. On leur ferait subir un stage de deux années seulement, mais un stage sérieux, au lieu de les laisser moisir pendant quatre ans dans une situation où beaucoup d'entre eux ne puisent que le dégoût de la vocation d'instituteur.

M. Coward, l'un des inspecteurs généraux, suggère également la création d'instituteurs itinérants qui iraient donner des conférences périodiques à des réunions de *pupil teachers* dans les principales localités de chaque district ; il attend de cette réforme, si elle peut se réaliser, les effets les plus salutaires, mais il signale également qu'elle nécessiterait de sérieuses dépenses (²).

(¹) *Report.* 1893-1894. M. Kenney-Herbert, p. 85.
(²) *Report.* 1893-1894, pp. 46 et 106-107.

CHAPITRE IX

Les Écoles normales.

Les écoles normales anglaises, appartenant toutes au type exclusivement confessionnel, sont au nombre de 57 et se répartissent comme suit :

43 pensionnats (*Residential Colleges*) dont 8 reçoivent également des étudiants externes. (*Day students.*)

14 externats. (*Day Training Colleges.*)

De ces 43 pensionnats, il y en a 17 qui sont réservés aux élèves du sexe masculin ([1]), et 25 qui sont affectés aux futures institutrices ([2]); c'est parmi ces derniers qu'il faut ranger les 8 pensionnats qui reçoivent quelques élèves externes. Il y a enfin le collège de Homerton, pour les normalistes des deux sexes ([3]). Les 14 externats se partagent en 6 collèges d'instituteurs, 2 collèges d'institutrices et 6 collèges mixtes.

[1] En 1893, 1592 élèves.
[2] En 1893, 1925 élèves.
[3] En 1893, 80 élèves.

Ces 43 pensionnats relèvent des diverses confessions religieuses dans la proportion suivante :

30 pour l'Église anglicane	{ 13 collèges d'instituteurs, { 17 — d'institutrices.
6 pour les confessions qui rentrent dans la catégorie générale des unitariens qui soutiennent la *British and Foreign Society*	{ 2 collèges d'instituteurs. { 4 — d'institutrices.
2 pour les Wesleyens	{ 1 collège d'instituteurs. { 1 — d'institutrices.
3 pour les catholiques	{ 1 — d'instituteurs. { 2 — d'institutrices.
2 institutions neutres	{ 1 — { 1 — mixte.

Quant aux externats, leur caractère confessionnel particulier n'est pas déterminé dans les statistiques du Gouvernement. Mais ils sont tous affiliés à une université ou à un collège universitaire, dont ils suivent nécessairement les opinions religieuses : c'est dire qu'ils sont tous attachés à une secte protestante, et presque tous à l'église anglicane.

Les pensionnats, construits pour aménager 3,609 élèves, en renferment actuellement (en 1894) 3,453, ce qui constitue une augmentation de 44 sur le chiffre de l'année 1893 ; 3,445 de ces élèves sont des *Queen's scholars*; les 8 autres élèves n'ont pas subi cet examen. La proportion des élèves qui entrent à l'école normale après avoir fait des études universitaires, et qui sont ainsi dispensés de l'examen de *Queen's scholar,* est donc négligeable.

Dans les 14 externats, il y a 828 (¹) élèves, dont 388 instituteurs et 440 institutrices.

Les ressources globales des Pensionnats Normaux se chiffrent par fr. 4,630,091. Les subsides du Gouvernement en constituent la très grande partie : fr. 3,320,424. Le reste se compose des rétributions payées par les élèves (fr. 631,654); des donations et souscriptions annuelles (fr. 439,129); de la vente des fournitures classiques (fr. 163,665); du revenu foncier de divers collèges (fr. 43,522), et de quelques autres postes de minime importance.

Les collèges où le produit de la rétribution atteint le chiffre le plus élevé sont ceux de la *British and Foreign Society :* deux de ces établissements réalisent de ce chef, l'un fr. 36,250, l'autre fr. 36,500. Les rétributions les moins élevées se perçoivent dans les pensionnats catholiques, où elles ne produisent pas plus de fr. 4,500 et descendent même jusqu'au total de fr. 3,000, quoique le nombre de leurs élèves soit en moyenne le même que dans les collèges protestants. Cela provient tout simplement de ce que les donations y affluent plus largement, et de ce que les instituteurs s'y montrent moins exigeants ; les deux pensionnats d'institutrices sont d'ailleurs entre les mains des Dames du Sacré-Cœur et des Religieuses de Notre-Dame (²).

(¹) Ce chiffre comprend les élèves externes des huit pensionnats normaux.

(²) Ces donations particulières s'élèvent pour le collège

Les dépenses totales des pensionnats normaux se sont élevées pour la dernière année (1893) à fr. 4,601,820; elles avaient été approuvées par le Département d'Éducation à concurrence de fr. 4,278,530. Le coût total de l'instruction des normalistes y figure pour fr. 4,450,605; il s'y ajoute divers postes, tels que les traitements d'instituteurs normaux pour près de fr. 2,000,000; des frais de chauffage, fournitures classiques, soins médicaux, paiement des contributions, etc., qui élèvent le chiffre des dépenses brutes bien au-delà de ce que nous venons de renseigner. Mais il faut tenir compte qu'une bonne partie des sommes ainsi déboursées rentre dans la caisse du collège, en passant au compte des élèves qui en ont spécialement bénéficié, et ramène ainsi le chiffre des dépenses nettes à près de fr. 5,000,000.

En moyenne, l'instruction normale d'un instituteur revenait, en 1893, à la somme globale de fr. 1,510 pour chacune des trois années qu'il peut passer au collège; l'éducation normale des institu-

---

catholique de Wandsworth au chiffre de fr. 46.530, sans tenir compte des fr. 12.500 qu'il reçoit de certaines associations charitables; tandis que le maximum des souscriptions privées des collèges protestants ne dépasse pas fr. 15.325. D'autre part, cependant, les associations charitables protestantes contribuent largement au soutien des écoles normales de leurs confessions, car leurs subsides s'élèvent fréquemment jusqu'à fr. 10.000; le seul collège de Stokwell reçoit de ce chef fr. 25.532. Le total des subsides de ces associations de charité figure pour la somme de fr. 295.655 dans le poste de fr. 439.129 que nous avons indiqué plus haut.

trices ne coûtait que fr. 1,177 par an, en moyenne.

Les 14 externats proprement dits donnent l'enseignement normal à 284 instituteurs et 278 institutrices, soit au total 562 normalistes.

Le total de leurs revenus atteint actuellement près de fr. 609,877. La rétribution des étudiants y intervient pour fr. 110,450 et les subsides du Gouvernement pour fr. 452,000. Les souscriptions, donations et diverses autres sources de revenu y ont relativement peu d'importance. Le total des dépenses, d'autre part, atteint fr. 672,000, dont les principaux postes comprennent les subsides que le Comité directeur de chaque école paie aux *queen's scholars* du collège (fr. 306,825), les traitements des instituteurs normaux, et les honoraires des professeurs d'Université qui y donnent certains cours (fr. 271,725).

Les inspecteurs, en chef, Messieurs Oakeley et Fitch, respectivement préposés à l'inspection des collèges normaux d'instituteurs et d'institutrices, sont entièrement d'accord pour louer sans restrictions les efforts des maîtres et des élèves, autant que ceux du public, dont toutes les sympathies sont acquises à ces écoles purement confessionnelles.

L'opinion de M. Fitch est particulièrement intéressante à ce point de vue et nous nous permettons de traduire ici la conclusion de son dernier rapport [1] :

« Une longue expérience, dit-il, m'a appris à
» attacher une importance croissante à la coopération
» des diverses associations religieuses et philanthro-

[1] *Report*. 1893-1894, p. 183.

» piques avec l'action du Département ministériel, en
» ce qui concerne l'éducation professionnelle des
» instituteurs. Un système d'écoles normales de
» l'État, tel que je l'ai vu établi dans d'autres pays,
» entièrement laïc, indépendant de toute autorité
» locale, comme aussi de toute initiative privée, et
» administré d'après un plan uniforme, serait sans
» aucun doute une œuvre très symétrique, mais
» beaucoup moins conforme à notre génie et à nos
» traditions nationales, au caractère composite et aux
» convictions religieuses variées du peuple Anglais.
» Dans l'état actuel de notre organisation des études
» normales, malgré quelques anomalies théoriques,
» la nation anglaise réussit à mettre à son service,
» pour l'accomplissement d'un grand devoir public,
» une somme d'intelligence, de zèle et d'initiative
» locale, dont elle ressentirait amèrement la perte,
» et qui assure à notre système d'éducation nationale
» des éléments de liberté et de variété qu'aucun autre
» régime ne pourrait lui donner.

» L'État n'a fondé aucune école normale et il n'en
» possède pas davantage. Chaque institution normale
» d'Angleterre doit la vie à l'initiative privée, et son
» fonctionnement dépend encore au jour le jour d'une
» direction absolument autonome. Et, cependant, cha-
» cune de ces écoles se conforme loyalement aux vœux
» du législateur, et cherche, avec un succès toujours
» croissant, à réaliser la perfection dont le Code du
» Département lui montre l'idéal. Me trouvant encore
» sous l'impression récente que m'ont laissée les rap-
» ports que j'ai eus avec un corps de directeurs et

» de maîtres, également animés du désir de se perfec-
» tionner eux-mêmes et leurs écoles, et de s'adapter
» toujours plus exactement à l'accomplissement d'une
» grande mission sociale, je ne puis qu'exprimer l'es-
» poir que des services de cette valeur seront toujours
» dûment appréciés par l'État, aussi longtemps qu'ils
» resteront ce qu'ils sont aujourd'hui. Les pensionnats
» comme les externats nous donnent chaque année
» un corps d'instituteurs sérieux et dévoués, dont la
» nation anglaise peut être justement fière, car ils
» sont plus que jamais doués d'une habileté profes-
» sionnelle remarquable, d'une science plus exacte
» et, ce qui vaut mieux encore, d'une connaissance
» précieuse de la nature intime de l'enfance, jointe à
» un généreux enthousiasme pour leur noble tâche[1].
» Le fait que les collèges dont ils sortent appar-
» tiennent à des types divers et sont, en quelque
» sorte, des institutions rivales, produit un effet géné-
» ralement utile et constitue un énergique stimulant
» pour les intérêts de l'éducation nationale. Il n'est
» cependant pas déplacé d'ajouter ici un mot d'aver-
» tissement amical aux promoteurs des écoles nor-
» males privées ou diocésaines, en leur rappelant que
» de nouveaux efforts et une énergie constamment
» soutenue seront nécessaires pour conserver leurs

[1] Les sentiments un peu optimistes de M. Fitch ne concordent pas encore entièrement avec ceux des *managers* ni du Gouvernement, que nous avons rapportés plus haut. Mais il y a tout lieu d'espérer que, dans un délai plus ou moins rapproché, la majorité des instituteurs primaires méritera tout à fait ce bel éloge.

» positions en face de la concurrence vigoureuse de
» nouveaux collèges fondés par les administrations
» des Comtés et en présence des visées encore plus
» audacieuses de quelques *School boards*.

» Rien ne pourrait être plus fatal à l'influence et
» au succès des anciens collèges et, par là même,
» aux intérêts de l'Éducation nationale que la propa-
» gation de cette croyance que les communautés reli-
» gieuses se contentent d'un degré de perfection et
» d'excellence professionnelle moins élevé que celui
» que cherchent à donner à leur enseignement des
» corporations purement laïques. »

CHAPITRE X

L'épargne scolaire. — *School Savings Banks.*

Il existe encore en Angleterre deux espèces de caisses d'épargne : celle de l'État, dont la direction est confiée au Ministre des postes, et celles qui dépendent de l'initiative privée.

Le Département d'Éducation n'a cessé depuis quinze ans de recommander vivement aux instituteurs primaires la pratique de l'épargne scolaire, et dans une de ses instructions, où il fait l'éloge du système tel qu'il est pratiqué en Belgique, il indique les moyens les plus efficaces que l'on peut employer dans ce but [1].

Ce sont, pour la Caisse de l'État, les dépôts hebdomadaires au bureau de poste, ou, dans les localités excentriques, l'emploi de timbres de 10 centimes sur des formules destinées à en recevoir quarante-huit (c'est-à-dire 4 shillings ou 5 francs), qui sont ensuite portés au livret de l'élève par le percepteur des postes.

Ces formules sont déposées entre les mains de l'in-

---

[1] HELLER's *New Code*, 1894-1895, pp. 154-157.

stituteur, qui en donne reçu à l'élève. Il agit de même pour la collecte qu'il peut faire une ou deux fois par semaine, des sommes destinées à être déposées tous les huit jours au *post-office* de l'endroit. L'administration s'engage même à les faire recueillir, dans les localités éloignées, par un agent spécial, du moment où elles dépassent un certain chiffre assez important.

Pour les caisses d'épargne privées, le Département recommande, soit le même procédé de versement direct, soit la tenue de livrets scolaires par les *managers* de l'école, avec transfert de leur import aux caisses générales dès qu'il atteint un certain chiffre.

Il est regrettable que le rapport du Gouvernement ne nous fournisse aucune statistique sur les opérations de l'épargne scolaire. Nous devons nous en tenir au seul renseignement que nous avons pu trouver, concernant le district urbain de Liverpool : 68 caisses y ont été établies, en relation avec la caisse d'épargne privée de Liverpool ([1]).

En 1890, le nombre des dépôts atteignait 25,144, et leur importance se chiffrait par 255,950 francs, c'est-à-dire plus de 10 francs par élève. Chaque trimestre les dépôts excédant fr. 12.50 sont transférés à la caisse générale ([2]). En 1890, ces transferts atteignirent la somme de 62,075 francs.

Contrairement à la pensée qu'exprimait un jour en notre présence un éminent publiciste belge, « que » l'épargne scolaire est une institution destinée à tuer

---

([1]) *Liverpool Penny Savings Bank Association.*
([2]) *Liverpool Savings Bank.*

» dans le cœur de l'enfant le germe des sentiments les
» plus généreux, et à lui donner des idées d'homme
» d'affaires, odieuses à son âge », le Ministère anglais
estime que rien n'est plus utile au bon ordre d'un
ménage pauvre, que l'exemple donné par l'économie
de l'enfant. Il voit dans cette habitude des privations volontaires acquise dès l'enfance par un exercice répété, l'une des plus puissantes sauvegardes
contre l'intempérance et l'alcoolisme qui ravagent le
peuple anglais. Il considère que cette pratique salutaire devrait être répandue plus que jamais, depuis
que la loi de 1891 a supprimé le paiement de la rétribution scolaire. Ses avis ont été écoutés ; les chiffres
nous manquent pour l'établir, mais plusieurs *managers* d'écoles primaires nous ont affirmé que le chiffre
des dépôts suivait une marche constamment ascendante. L'intérêt qu'ils portent est généralement celui
que donne la caisse de l'État, c'est-à-dire 2 ½ p. c.
jusqu'à 8,000 francs.

QUATRIÈME PARTIE

LES PROPOSITIONS DE RÉFORME DES LOIS SCOLAIRES ANGLAISES.

Quelque temps après le vote de l'*Act* de 1870, le cardinal Manning écrivait ces paroles : « L'existence
» du système des *School boards* implique son exten-
» sion, et son extension produira infailliblement
» l'extinction graduelle de l'initiative privée, en
» même temps que la disparition de cette confiance
» en soi et de cette autonomie qui caractérisent notre
» peuple (¹). »

L'événement semble lui avoir donné raison.

D'une part, en effet, nous voyons les citoyens anglais préférer, dans certains districts, l'établissement d'un *School board* à la liberté dont ils jouissaient, lorsqu'ils soutenaient eux-mêmes leurs écoles libres.

D'autre part, le Gouvernement continue à créer des *School boards* en maints endroits, dans des

---

(¹) *The gradual exstinction of the voluntary efforts and of the self-providing and self-governing character of our people.*

circonstances qui ne justifient peut-être pas toujours cette extension du pouvoir central. Dans la dernière année, le Département d'Éducation a érigé 58 *boards*, dont 15 seulement furent constitués à la demande des contribuables, tandis que les 43 autres furent imposés par le ministère aux citoyens.

Cette politique est ruineuse pour la nation anglaise, comme l'a si bien démontré M. Chamberlain à la Chambre des Communes (¹).

« La disparition des écoles libres, dit-il, mettrait
» à la charge de l'État les 3,639,000 enfants qu'elles
» abritent aujourd'hui. La création et l'aménagement
» des écoles officielles destinées à les recueillir nous
» coûterait plus d'un milliard de francs, en calculant
» ces frais à fr. 500 par élève. Réduisons même leur
» nombre de 20 ou 30 p. c., afin de n'établir notre
» calcul que sur le chiffre moyen des enfants qui
» fréquentent régulièrement l'école : il en restera
» encore un peu plus de 2,200,000, ce qui ferait une
» dépense de 700,000,000 de francs environ. Voilà
» pour les dépenses en capital.

» Actuellement, le coût annuel de leur instruction
» est fourni par des souscriptions volontaires à con-
» currence de près de 20 millions de francs, mais du
» jour au lendemain de la reprise de ces écoles par
» l'État, cette importante source de revenus serait
» tarie. De plus, l'instruction d'un enfant dans une
» école officielle coûte en moyenne fr. 10.40 de plus
» par an que dans une école libre. L'État devrait donc

(¹) Speech de M. Chamberlain. Séance du 21 février 1890.

» supporter de ce chef un accroissement de dépenses
» annuelle de 42,000,000 de francs, c'est-à-dire
» 130 p. c. en plus du chiffre actuel. »

Cette opinion du député pour Birmingham a d'autant plus de poids qu'il se déclarait, dans le même discours, partisan convaincu des écoles d'État, en ajoutant que la seule considération qui pouvait lui faire abandonner ce principe, c'était le droit acquis aux écoles libres existantes, et les dépenses exorbitantes que leur disparition eût mises à charge de l'État.

Non seulement les écoles libres peuvent à juste titre se plaindre du traitement qui leur est infligé par le Département d'Éducation, mais encore y a-t-il dans la loi même une injustice manifeste : c'est la disposition qui confère aux *School boards* le droit de taxer lourdement les citoyens au profit exclusif d'écoles où leur conscience leur interdit d'envoyer leurs enfants. Il se fait dans la réalité que la majorité de la nation doit, tout à la fois, soutenir ses écoles confessionnelles et fournir en même temps la plus grande partie de la contribution dont l'État forme le subside Parlementaire. Voilà des contribuables taxés une fois de plus que leur concitoyens partisans des écoles officielles, et ce, à raison uniquement de leurs opinions religieuses, par une violation manifeste de l'égalité constitutionnelle.

Le troisième grief, enfin, vise l'organisation de l'enseignement religieux, dont nous avons déjà suffisamment parlé pour en faire saisir les défauts saillants.

Si nous nous sommes permis de rappeler une dernière fois, en les résumant, les trois principaux reproches que l'on peut formuler contre les lois scolaires anglaises, c'est afin de mettre mieux en évidence la portée des réformes qui sont aujourd'hui proposées de divers côtés.

Presque à la même époque, pendant la semaine de Pâques de 1894, les Archevêques de Canterbury et d'York d'une part, et le Cardinal Vaughan de l'autre, constituèrent un comité d'enquête chargé d'étudier les remèdes que l'on pourrait apporter à la situation, et d'en faire un rapport en forme de *Bill* d'Éducation précédé d'un exposé des motifs.

Ces *Bills* ont paru récemment (janvier 1895) et à peu près en même temps un troisième projet de réforme, dû à l'initiative privée de M. Spottiswoode, vient d'être publié (février 1895).

Ce sont ces trois *Bills* que nous comptons analyser brièvement en terminant cette étude, parce qu'ils nous paraissent indiquer assez exactement les principaux courants de l'opinion publique anglaise sur cette grave question de l'instruction primaire et de la liberté d'enseignement.

I. *Le Bill Anglican.*

Le rapport du Comité anglican émet les desiderata suivants :

a) que le soin de construire de nouvelles écoles libres reste abandonné à l'initiative privée, sans que l'État y intervienne par aucun subside;

b) mais que les bâtiments d'école, sans distinction, soient exemptés de la contribution foncière ;

c) que l'administration cesse de s'en rapporter exclusivement à l'appréciation du *School board* pour savoir si une école libre n'est pas *unnecessary*, et s'il ne faut pas la biffer de la liste des subsides, ou ne pas l'inscrire;

d) qu'il ne soit plus loisible au *School board* de violer l'esprit de la loi de 1870, en construisant lui-même les écoles primaires dont le besoin se fait sentir dans un district, alors que l'initiative des citoyens offre d'y pourvoir;

e) que le Parlement vote une loi pour favoriser l'association et la coopération des écoles libres d'un même district;

f) que les classes centrales à l'usage des *pupil teachers* des écoles officielles soient ouvertes gratuitement aux *pupil teachers* des écoles libres.

g) que la limite maxima des subsides du Gouvernement soit élevée de 17 1/2 sh. (fr. 21,85) à 21 sh. (fr. 26.50).

Ces propositions, dans l'esprit du Comité, ne constituent qu'un minimum absolu d'améliorations, suffisant dans certains cas, mais qui reste évidemment en dessous de ce qui est nécessaire pour remettre à flot les finances délabrées de la généralité des écoles libres.

En vue de leur procurer une source de revenus annuels, stables et suffisants, le Comité ajoute les articles suivants à son projet :

1. Les écoles libres ont le droit de recevoir et d'exiger des caisses publiques une somme d'argent égale à celle que reçoivent les autres écoles primaires publiques, puisqu'elles rendent les mêmes services aux citoyens et que, selon les termes mêmes de la loi de 1870, aucune distinction de traitement ne peut être fondée sur leur caractère religieux ou confessionnel.

2. Il est désirable que le nivellement des subsides s'opère au moyen de subventions accordées par l'État, plutôt que de provenir des administrations locales, parce que ce dernier mode de paiement donnerait nécessairement à ces autorités un droit d'in-

tervention dans l'école libre, dont il est à craindre qu'elles ne fassent un usage indiscret; tandis que cet abus n'est pas à redouter de la part du Gouvernement.

3. Cette subvention de l'État consisterait dans le paiement de tous les instituteurs, libres et officiels, par le Gouvernement, sans que le *School board* ou les *managers* d'une école libre puissent rien ajouter à ce traitement.

« Nous voulons ainsi empêcher les écoles officielles d'attirer
» dans leurs classes les meilleurs éléments du corps enseignant
» par l'appât de traitements considérables, prélevés sur les
» finances publiques, et que les écoles libres sont hors d'état de
» payer à leurs instituteurs. » Il est évident que le choix des maîtres doit toujours rester exclusivement réservé aux autorités de l'école qui les emploie, sans aucune intervention du Ministère qui les salarie; parce qu'un enseignement confessionnel ne peut être bien donné que par des personnes appartenant à la communauté dont relève l'école.

4. Enfin, il est à souhaiter que le Parlement abolisse la loi de 1891, car cet *Act*, en généralisant la gratuité des écoles officielles, a rendu leur concurrence encore plus désastreuse à l'égard des écoles libres, surtout dans les régions industrielles. De nombreuses écoles libres y avaient été construites à grands frais; si elles devaient exiger pour leur coûteux entretien une rétribution assez élevée, les parents la payaient cependant volontiers, car le taux de leurs salaires leur permettait de supporter facilement cette charge; aujourd'hui le *fee grant* de fr. 12.50 qui la remplace est plus qu'insuffisant pour entretenir ces écoles libres.

Le comité termine son rapport en constatant que si l'opinion de quelques-uns de ses membres a pu varier sur certaines solutions, sans être cependant en contradiction avec la majorité, il est un point qui a réuni l'unanimité absolue de leurs suffrages : c'est que la commission condamne, dès l'abord tout projet dont résulterait une séparation complète, ou du moins une distinction profonde entre l'enseignement laïc et l'instruction religieuse ; de même, elle rejette absolument toute proposition tendant à la création d'écoles laïques, quand même cette mesure comporterait les dispositions les plus propres à assurer aux enfants l'instruction religieuse par d'autres instituteurs, en dehors des heures de classe.

Ce projet de loi, émané des autorités de l'Église établie, mérite la plus sérieuse attention : il est étudié dans les détails et présenté au nom de l'expérience. Mais plusieurs personnes n'envisagent pas sans appréhension la dépendance pécuniaire que le projet propose d'établir entre les instituteurs et le Gouvernement. L'État ne serait-il pas tenté de considérer ceux qu'il paie comme ses fonctionnaires et de faire peser sur eux le poids de son autorité?

Les partisans du projet répondent à cela que cette crainte n'est pas fondée à l'égard d'une administration anglaise, et ils n'ont peut être pas tout à fait tort. Un clergyman anglican, vicaire de l'une des paroisses de Londres, nous disait même, tout récemment, qu'il verrait sans défaveur apporter une restriction encore plus grande à la liberté que ce système laisserait aux *managers* pour le choix de leurs instituteurs : « Ce
» serait, disait-il, que les instituteurs, payés par l'État,
» fussent assimilés aux fonctionnaires civils du Gou-
» vernement, et que nous, directeurs d'écoles libres,
» nous ne pussions recruter notre personnel ensei-
» gnant que parmi les candidats qui auraient passé
» l'examen d'admission au *civil service*. Ce serait un

» moyen très efficace de relever le niveau intellectuel
» et social des instituteurs ».

Un mot seulement, avant de passer à l'examen du second *Bill* de réforme, à propos de la Fédération des écoles libres que le projet anglican désire voir organiser par la loi.

Cette Fédération a été réalisée par l'initiative privée, à la plus grande satisfaction de tous, dans le district septentrional du diocèse de Newcastle, à Alnwick.

Il y fut établi, en 1893, un bureau qui avait pour mission de copier toute la correspondance échangée entre le Département et les *managers* des écoles libres, que ces derniers s'engageaient à lui transmettre fidèlement, et de tenir note de la marche des négociations.

Les dépenses de cet office s'élevèrent pour l'année entière à la somme modique de fr. 7,500. Mais, grâce à ce sacrifice, des arriérés dûs par le Département à diverses écoles libres furent recouvrés à concurrence de fr. 22,500 pour le seul comté d'Alnwick, et pour des chiffres encore plus élevés dans d'autres comtés de l'association. Les bâtiments de vingt-six écoles furent améliorés d'après des plans économiques fournis gratuitement par la Fédération, et, en vingt-et-une occasions diverses, les exigences du Département en matière de constructions furent modifiées ou retirées ; ce qui causa aux intéressés une économie de fr. 100,000. Quatre-vingt-cinq écoles libres adhérèrent à l'Association et, à plusieurs reprises, le Département déféra aux représentations du Comité. Celui-ci forma un fonds commun, servant de compte-courant

aux administrateurs des écoles libres, et pas un *School
board* ne fut érigé dans tout le comté d'Alnwick pendant qu'y fonctionnait le comité de la Fédération.

Un fonctionnaire du Département qui en avait
soigneusement étudié l'organisation déclara même à
l'un des membres du Comité que la généralisation de
cette institution coopérative rendrait, en deux années
de temps, la position des écoles libres « absolument
imprenable (¹). »

II. *Le Bill de M. Spottiswoode.*

Ce second projet vise surtout la réorganisation de
l'enseignement religieux, aussi bien dans les écoles
officielles que dans les écoles libres. Il range à cet effet
les écoles primaires publiques en trois catégories :

1. Lorsque, dans un district de *School board,* les
parents d'au moins cinq enfants, appartenant à deux
familles au moins, le réclameront, le *board* devra leur
accorder un certain espace de temps, pris sur les
heures de classe, mais qui ne pourra excéder trois
heures par semaine, pour le consacrer à un enseignement religieux dogmatique et confessionnel, donné
par un instituteur de leur choix; à condition que ce
cours s'organise sans inconvénient pour les autres
dispositions du programme de l'école et ne comporte
aucune dépense supplémentaire pour le *School board.*

2. Les écoles libres situées dans la région administive d'un *School board* peuvent, en vertu de la partie

---

(¹) *Times* du 11 janvier 1895.

laïque du programme qu'elles enseignent, réclamer une part du produit de la taxe locale, proportionnelle au chiffre moyen des présences fournies par leurs élèves pendant l'année écoulée, sans que cette somme puisse excéder le coût par tête de l'instruction proprement dite des élèves du *School board;* mais il faut pour cela deux conditions :

a) que les frais de construction et les menues dépenses diverses de l'école libre soient supportés par le produit des souscriptions charitables;

b) que le comité directeur de l'école soit une institution représentative, composée pour tiers ou pour moitié des *trustees* de la fondation, en leur qualité de tuteurs de l'œuvre et de gardiens de son caractère religieux. Les autres membres, c'est-à-dire la moitié, au moins, et les deux tiers, au plus, du comité, seront élus par les contribuables comme suit : l'un d'entre eux, indirectement par la nomination du *School board* en fonctions, et les autres, directement par un vote des parents et des personnes qui souscrivent chaque année pour au moins fr. 28 à la caisse de l'école.

Il est d'ailleurs entendu que ces *managers* ainsi nommés seront tous des fidèles du culte auquel appartient la fondation, et que l'enseignement de la religion dans leur école sera réglé par les termes de l'acte d'*endowment* ou, à leur défaut, par l'autorité ecclésiastique dont relève l'institution.

5. Enfin, dans les localités où il n'y a pas encore de *School board,* on appliquera les mêmes dispositions, en substituant au *board* le Conseil du Comté ou le Conseil du District administratif, et en limitant le produit de la taxe qu'ils pourraient lever à ce qui est

strictement nécessaire pour couvrir les frais de l'instruction proprement dite des élèves.

La caractéristique de ce projet de loi, c'est qu'il est facultatif et n'entraîne pas nécessairement la suppression de la clause de conscience ni de la *Cowper Temple clause* de la loi de 1870. Celles-ci subsisteraient avec l'ensemble du régime actuel partout où les parents ne s'en plaindraient pas et où les *managers* des écoles libres pourraient, en se contentant des subsides parlementaires et des contributions volontaires, se passer d'avoir recours au produit de la taxe locale.

III. *Le Bill Catholique.*

L'exposé des motifs qui précède le *Bill* du Cardinal Vaughan déclare « qu'en présence de l'impossibilité
» qu'il y a de formuler une loi qui puisse satisfaire
» par l'établissement d'une seule espèce d'écoles, offi-
» cielles ou libres, tous les citoyens anglais également
» imbus des traditions nationales de liberté et divisés
» par de profondes discussions religieuses, le comité
» choisi par les évêques catholiques d'Angleterre
» croit que le seul moyen d'écarter les dangers dont
» cette situation menace les intérêts de l'instruction
» publique, consiste en une loi qui tienne compte de
» ces convictions religieuses et de ces traditions du
» peuple anglais, en même temps qu'elle respecte son
» droit d'élever son instruction à la hauteur de ses
» besoins, comme il l'a fait, avant 1870, par les seuls
» efforts de l'initiative privée, et depuis cette date, par
» la coopération entre les écoles libres et le *School*

» *board*, non pas afin que celui-ci supplante celle-là,
» mais afin qu'il les complète. »

Il faut donc que les citoyens ne soient pas obligés de confier l'éducation de leurs enfants à des instituteurs qui peuvent légalement ne pas professer leur religion, et même n'en professer aucune. Or, cela ne peut s'éviter qu'au moyen de l'existence et de la perpétuité des écoles libres, confessionnelles ou neutres, qui ont d'ailleurs été créées exclusivement aux frais des fidèles de l'une ou l'autre des Églises d'Angleterre, ou d'une association philanthropique.

Et puisque les partisans de ces écoles libres sont tenus de contribuer, dans la même mesure que les autres sujets du royaume, aux taxes qui sont levées dans le district d'un *School board*, il est juste que leurs écoles reçoivent impartialement une part de cette somme, en proportion de la mesure pour laquelle elles contribuent à l'instruction du peuple.

En vue de réaliser ce but, le comité, sans proposer aucune modification aux lois existantes, a voté, à l'unanimité de ses douze membres, l'adoption d'un projet de loi qui serait de nature à remédier aux griefs des écoles libres, sans qu'on pût lui faire d'objection sérieuse.

Ce projet ne comprend que deux articles :

ART. 1er. Dans tout district où il y a un *School board*, toute personne peut ouvrir à ses frais une école qui aura droit aux subsides annuels du Gouvernement, moyennant les conditions suivantes :

a) les fondateurs devront présenter au Département d'Éducation une pétition signée par les parents de 30 enfants en âge d'école, s'engageant à envoyer leurs enfants à la future école ;

b) les fondateurs devront encore soumettre au Département un plan d'école pour au moins 60 enfants, en conformité avec les exigences du Code d'Éducation ;

c) ce plan, et plus tard les constructions, devront recevoir l'approbation du Département ;

d) l'école devra être une école élémentaire publique, aux termes de l'art. 7 de l'*Act* d'Éducation de 1870 (clause de conscience) ;

e) le comité directeur de l'école [1], composé d'au moins cinq personnes, sera choisi pour deux cinquièmes par un vote des parents ou tuteurs des enfants qui fréquenteront l'école, et pour trois cinquièmes par les fondateurs ou par les *trustees* qui leur succèderont ;

f) les fondateurs ou les *managers* devront doter l'école d'un personnel d'instituteurs suffisant et dûment qualifiés pour leurs fonctions ;

g) l'école devra donner accès en tout temps à un inspecteur local, désigné par le *School board*, et qui aura le droit d'en examiner les installations hygiéniques et les registres ; après quoi il fera un rapport à l'autorité scolaire du district, qui à son tour le transmettra au Département d'Éducation, si elle le juge utile.

---

[1] Le fait que la mention d'un comité de *managers* figure dans tous les projets de réforme, et l'existence de ce comité à la tête de presque toutes, sinon de toutes les écoles primaires du pays, tant officielles que libres, ce fait est une preuve évidente du succès de cette organisation. En réalité, la constitution de ces comités, où sont représentées autant que possible les diverses influences qui pourraient dominer dans la direction de l'école, est très favorable au bon fonctionnement de l'institution ; elle répond à ce sentiment bien anglais que le citoyen doit avoir une part dans l'administration de toute somme qu'il consacre au bien public.

Art. 2. Dans chaque district où un *School board* lèvera une taxe, les *managers* des écoles libres présentes ou à venir et reconnues par le Département d'Éducation, après avoir fourni toutes les preuves requises par le Code pour l'octroi des subsides parlementaires annuels, auront les droits suivants :

a) ils pourront exiger des autorités de leur district une somme d'argent par tête d'élève égale à celle que le *board* consacre à l'instruction de chacun de ses propres élèves, à l'exclusion seulement du capital qu'il affecte à la construction, à l'entretien ou à la modification de ses bâtiments scolaires ;

b) De plus, ils pourront exiger qu'il leur soit payé annuellement, pour chaque élève, une somme égale à 2 1/2 p. c. du capital que le *board* consacre par tête d'élève à l'aménagement de ses propres écoles ;

c) Les sommes ainsi réclamées par l'école libre seront imputées sur le produit de la taxe scolaire.

Le journal conservateur, *The Standard,* en comparant le *bill* des archevêques de Canterbury et d'York avec celui du cardinal Vaughan, donnait naturellement la préférence au premier, parce que, disait-il, « ce projet présente l'avantage de concerner
» également tous les districts scolaires du pays, aussi
» bien ceux où il n'y a pas de *School board* que ceux
» où il en existe ; de plus il protège l'administration
» des écoles libres contre les vexations d'un inspec-
» teur délégué par le *board.* » Mais on peut se demander s'il est bien nécessaire de modifier la situation des écoles libres dans les districts où elles ne subissent pas encore la concurrence du *School board.*

Pour ce qui est de l'intervention des inspecteurs, il

semble que dans tout système leur contrôle sera nécessaire, et qu'il faut chercher les garanties de leur impartialité autant dans l'honnêteté des gouvernements que dans la justice de l'opinion publique.

CONCLUSION.

Tel est l'état de la question à l'heure actuelle. Le compromis de 1870 a fait son temps ; personne n'en doute plus, à l'exception des adversaires irréductibles des écoles libres.

Une réforme s'impose de la façon la plus urgente, et, puisqu'on ne peut espérer de la voir s'accomplir par la voie administrative, c'est dans le texte même de la loi qu'il faudra l'introduire.

Quand cela se fera-t-il?

Le cabinet libéral est chancelant, sa majorité s'effrite de jour en jour. Restât-il au pouvoir malgré la crise qui le secoue, son programme est assez chargé pour occuper encore plusieurs sessions ; il n'y est point parlé d'un *Bill* d'Éducation, et il semble qu'un ministère où figure M. Acland sera peu disposé à aborder une réforme de la loi dans le sens que désirent les écoles libres.

Si le Cabinet Rosebery ne peut s'arrêter sur la pente où le précipitent aujourd'hui les efforts du parti conservateur, combinés avec les défections du parti irlandais et de quelques autres factions, et qu'un ministère Salisbury ou Balfour lui succède, peut-être verra-t-on un jour s'accomplir la réforme scolaire.

Tout récemment (¹) M. Balfour adressait à ses électeurs d'East-Manchester un grand discours où il faisait une juste critique des lois scolaires en vigueur, et laissait entrevoir qu'il était lui-même un adepte fervent des écoles libres. On peut donc croire que si une dissolution prochaine amenait au pouvoir un Ministère conservateur, celui-ci ne manquerait pas de faire droit aux légitimes réclamations des partisans des écoles confessionnelles.

(¹) 18 janvier 1895.

LISTE

DES OUVRAGES CONSULTÉS POUR CETTE ÉTUDE.

* ADAMS (FR.)	— History of the Elementary School Contest in England. — *Londres*, 1882, in-8°.
ANONYMES.	— Board and Voluntary Schools. — *Londres*, 1894, in-8°.
	— The Case against Diggleism at the London School Board. — *Londres*, 1894, in-12°.
	— The Church and Education. — *Londres*, 1894, in-8°.
	— Christian Teaching in Public Elementary Schools. — *Londres*, 1893, in-8°.
	— Politics of Education. — *Londres*, 1886, in-12°.
	— The Religions Instruction given in Board Schools. — *Londres*, 1894, in-12°.
BROWNING (O.)	— The Citizen. His Rights and Responsibilities. — *Londres*, 1893, in-12°.
CALVERT (FR.) Q. C.	— Defects of the Law on Education. — *Londres*, 1879, in-8°.

(*) Les ouvrages les plus importants au point de vue de la Législation Scolaire sont marqués d'un astérisque.

* Craik (H.) — The citizen series. The State in its relation to Education. — *Londres*, 1888, in-12°.
Dawson (A. A.) — Church Schools and Board Schools. — *Swaffham*, 1878, in-12°.
Denison (G. A.) — The School in England Century XIX. — *Londres*, 1883, in-8°.
* Glen (W. C.) — The Elementary Education Acts. 1870-1880. — *Londres*, 1881, in-8°.
Granville Dickson (H.) — Who built the Church Schools. — *Londres*, 1892, in-8°.
* Heller (Th. E.) — The New Code for Day Schools. 1894-1895. — *Londres*, 1894, in-8°.
— The New Code for Evening Schools. 1894-1895. — *Londres*, 1894, in-8°.
Hirst Hollowel (J.) — National Elementary Education. — *Londres*, 1888, in-12°.
Keatinge (Rev. J.) — Free Education and Our Schools. *Chatham*, 1891, in-12°.
Lobb (J.) — London School Board. 2 brochures in-8°. 1886-1888 et une in-12°, 1891. — *Londres*.
— The Bible Reading in Board Schools. — *Londres*, 1894, in-8°.
* Lyon (H.) — Royal Education Commission. 1886-1888. Summary of the Final Report. — *Londres*, 1888, in-8°.
Manning (Card. H. E.) — The State and Education. (Collection de brochures.) — *Londres*, 1889, in-12°.

Moore (Th.)	— The Education Brief on Behalf of the Voluntary Schools. — Londres, 1890, in-12°.
* Owen (Sir H.)	— The Education Acts Manual (17° édit.) — Londres, 1891, in-8°.

* Report of the Committee of the Privy Council on Education. (England & Wales). 1893-1894. — Londres, 1894, in-8°.

* Report of Departmental Committee on School Attendance and Child Labour. — Londres, 1893, in-8°.

Resolutions of the Cardinal Archbishop and Bishops of England on Public Elementary Education. — Londres, 1894, in-8°.

Richard (Rev. W. J. B.)	— Report of the Diocesan Inspector of Westminster. 1893-1894. — Londres, 1894, in-8°.
Riley (Ath.)	— Religions Instruction in Board Schools. — Londres, 1893, in-16°.
Sanderson (R. E.)	— Our Church Schools. — Londres, 1894, in-8°.
Shelly (J.)	— Unsectarianism and Board Schools. — Londres, 1892, in-12°.
Sonnenschein (A.)	— The Truth about Elementary Education. — Londres, 1888, in-8°.
* Steinthal (A. E.)	— The Elementary Education Act, 1891. — Londres, 1891, in-12°.
Temple (H.)	— Injustice in the Working of the Education Act of 1870. — Londres, 1883, in-8°.
Todd (A.)	— On Parliamentary Government in England. (2me édit.) — Londres, 1886, in-8°.
Traill (H. D.)	— Central Government. — Londres, in-8°.

Verinder (Fr.)	— Free Schools. — *Londres*, 1885, in-16.
Wells (Rev. Ch. A.)	— The Church of England and the Education of the People. — *Londres*, 1893, in-8°.
Périodiques.	— *Hansard's Parliamentary Debates,* — *Les Recueils de Jurisprudence,* — *Hazell's Annual,* — *Statesman's Yearbook,* — *Whitaker's Almanack*; — nombreux articles parus dans les journaux : *Times, Standard, Daily Telegraph, Tablet, School Board Chronicle, School Guardian;* — et dans les Revues : *National Church, Review of Reviews, Nineteenth Century, Edinburgh Review, Contemporary Review;* etc., etc.

ERRATA

Page 195, note (¹), lignes 2 et 4,
 Au lieu de : tableau I, *lisez :* tableau II.

Page 269, ligne 16,
 Au lieu de : Religions, *lisez :* Religious.

EN LIBRAIRIE

Georges Legrand. *L'Impôt sur le Capital et le Revenu en Prusse*, réforme de 1891-1893, in-12 de 104 pages. Bruxelles, 1894.

Romain Moyersoen. *Du Régime légal de l'Enseignement primaire en Hollande*, in-8° de 175 pages. Bruxelles, 1895.

SOUS PRESSE

Charles Genart. *Les Syndicats industriels.*

Auguste Mélot. *Des Impôts sur les valeurs mobilières en France.*

www.ingramcontent.com/pod-product-compliance
Lightning Source LLC
Chambersburg PA
CBHW050640170426
43200CB00008B/1098